たった１輪の花で願いが叶う

魔法の花風水

宮内孝之・著

岡田有未・監修

青月社

はじめに

以前、知り合いのカフェの店長さんからこんな相談を受けました。

「最近、店の売上げがあまり良くないんだ。宮内さんは、いつも花を飾ると良いことが起きるよって言うけど、どうしたらいいかちょっと見てくれない？」

私は華道家です。そして、花と緑でお客さまの笑顔を演出する「花飾人」として、1人でも多くの人に花や緑に囲まれた毎日を送ってもらいたいと思っています。

18歳で花業界に入り、その思いを30年近く持ち続けていますが、おかげさまで、自分の飾った花で多くの人に喜んでもらうことができています。

それでもいつしか、花を飾って「キレイですね」と喜んでもらうだけではなく、もっとお客さまが喜んでくれるようなアドバイスができたら……そう考えるようになりました。

そこで、この本の監修をしていただいた岡田有未先生のもとに通って、風水の勉強を始めました。

風水のルーツは4000年以上前の中国にあります。風や水の「気」の流れを読み取り、その「気」を利用して住まいなどの環境を整えようというものです。

「良い気」を取り入れ、「悪い気」を外に流すことで、「人の気分」は変わっていきます。

風水の基本的な考え方を先生から学んでいくと、驚くほど腑に落ちることばかりでした。トイレに飾ると運気が上がる花、落ち込んだときに飾ると元気が出る花、リビングに飾るとリラックスできる花……。先生の教えに基づき風水学的（気学的）に効果のある花を調べていくと、これまで自

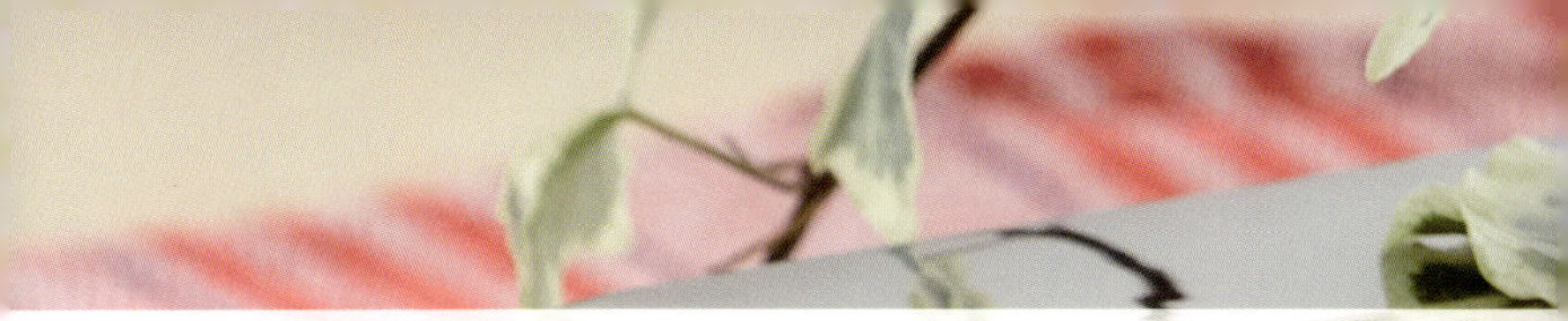

分のフィーリングでなんとなくセレクトしていた花とだいたい合っているのです。自分がなんとなく「この花をここに飾ると良さそう」と感じてやっていたことが、先生の教えで裏付けされたのです。

それからは、さらに専門的に風水を学び、学んだことを花や緑と結びつけていくようにしました。

カフェの店長さんから相談を受けたときも、先生の教えにしたがい、その人の誕生日と店のレイアウトから導き出した結果をアドバイスしました。

「入口を入って右手の南の方角には観葉植物を置いて、北にはピンクや白など薄色の花を丸い器で飾る。北は濃紺などの濃い色の花を角張った器で飾る……。観葉植物は毎日水をあげてください」

そんな簡単なアドバイスでしたが、後日、店長さんからは大いに感謝されました。アドバイスのとおりに観葉植物を置き、生花を飾ったら、お客

さんが途端に増えたそうです。

私がみなさんに知ってほしいのは「1本の花を飾ると、気持ちが変わりますよ」ということです。

「お金がないので花を飾れない」では、いつまでたっても気持ちは変わりません。お金がない人にこそ、花を飾ってほしいのです。お金を貯めるために花を飾るのです。私の知っているお金持ちは花を飾って、ますますお金持ちになっていきますよ。

そして、花が1輪あるだけで、「キレイだね」という会話が生まれます。人と人の心がつながります。こうした会話からは心の余裕も生じてきます。花は気持ちだけでなく、空気も変えてくれます。「気」を変えてくれるのです。

この本では、1輪の花で幸せを呼び込む方法を紹介しています。

まずはプロローグの章で風水の基本を知っていただき、あなたの全体運

を上げる相性の良い花や方角を知ってください。

そのうえで本編PART1～PART5の目的別の風水レシピを活用していただくと、きっとあらゆることがうまく回り始めるはずです。

みなさんも、風水の教えをベースにした花のある暮らしで、どんどん良いことを呼び込んでください。

1輪の花を飾って、1人でも多くの人が笑顔になることを願っています。

宮内孝之

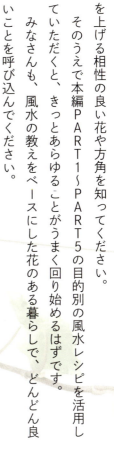

魔法の花風水◎もくじ

PART

1

夫婦・カップルに効く魔法の花風水レシピ 53

PART 2

あなたの魅力を引き出す 魔法の花風水レシピ

75

PART

3

トラブルを解決する魔法の花風水レシピ

PART 4
自分をメンテするための魔法の花風水レシピ

花にまつわる8つの実話

私が実際に目の当たりにしたエピソードを中心に、花がもたらす様々な人生の奇跡をご紹介します。

離婚の危機を救った白いバラ

結婚20年目の男性が、奥さまとうまくいかずに離婚の危機……。

どうしたらいいかわからないと、相談に来られました。

「奥さまの好きな花は何ですか？」と聞きましたが、旦那さまにはまるでわかりません。

そこで後日、結婚式の写真を見せてもらうと、奥さまは白いバラのブーケを持っています。ピンときた私は「白いバラでアレンジを作りましょう」と提案し、私も手伝いながら彼にアレンジメントを作ってもらいました。

奥さまのことをどう思っているか聞くと、「恥ずかしくて直接は言えませんが、感謝しています」と答えてくれました。

「その気持ちを花に語りかけてください」とお願いすると、心の中で奥さまへの感謝を込めて1本1本のバラをやさしく扱われ、素敵なアレンジメントができあがりました。

その晩、奥さまにプレゼントすると「なんで？　ビックリするやん。何かあった!?」。

「花の専門家に相談したら、自分で作ってみなさいと言われて」と言うと、とたんに奥様の目から涙が……。

あとから聞いた話では、昔、旦那さまが奥さまにプレゼントした花がその中に入っていたそうです。本人には花をプレゼントした記憶がなかったのですが、奥さまはそのときの喜びをずっと覚えていたのです。

そしてこのご夫婦から離婚の危機は去っていきました。

花は人と人との距離をあっという間に縮めてくれます。そして、人と人のきずなを深めてくれる不思議な力を持っています。

毎朝、満開のバラを1本買う紳士

20代の前半、花の勉強をするためにオーストラリアに渡り、花屋に勤務していたときに驚いたことがあります。それは、欧米人は満開の花しか買わないことです。

日本人は、つぼみの花を好んで買う傾向があります。つぼみが開き、満開になるまで、せっかく買った花を少しでも長く楽しもうという気持ちがあるのでしょう。

ところが、欧米の人は違うのです。ほとんどのお客さんが八分咲き以上の花を欲しがりました。

今でも忘れられないお客さんがいます。

月曜日から金曜日まで、毎朝8時45分から50分の間に店にやって来て、満開のバラの花を1本買っていく年配の男性客がいました。

気になったので、ある朝、片言の英語で聞いてみました。

「どうして毎日、満開のバラを買うのですか？」

その紳士は答えくれました。

「毎日、最高の笑顔をスタッフに感じてもらうために、このバラを会社の入口に飾るんだよ。このバラで、最高の1日の始まりをつくってもらうんだ。それには満開になっている最高の状態の花じゃないとダメなんだ」

それを聞いて、私は本当に目からウロコが落ちる思いでした。

花は私たちに元気をプレゼントしてくれます。今日、元気になりたいのなら、つぼみの花ではなく、満開の花を飾ってみてください。

社員みんなの笑顔を見たいのなら、満開で最高の状態の花を1本、毎日オフィスに飾ってください。

あとで聞くと、その紳士は大きな会社の社長さんとのことでした。

80代のおばあちゃんの希望の涙

私が京都で「思えば叶う花」というテーマで講演をしたときのことです。私はこんな話をしました。

「自分の子どもの頃の夢を思い出してください。子どもの頃に夢みたことを全部思い出して、紙に書いてください。それだけでもワクワクしてきますよ」

その講演には80歳を過ぎたおばあちゃんが「花が大好きなので」と、京都まで2時間かけて来てくれました。それも車イスを必要とするおばあちゃんです。

講演終了後、そのおばあちゃんが泣きながら私に話してくれました。

若いときはよく花を花瓶に活けていたこと、亡くなったご主人との思い出……。

そして、子どもの頃の夢を思い出して、まだまだ頑張りたい。あと少しかもしれないけれど、ワクワクしながら子どもの頃の夢に挑戦してみる。

そう言ってくれました。

花を見て若かった当時のことを思い出したようで、目から涙があふれていました。私もすごくうれしくて一緒に泣いていました。

花は人の気持ちを動かし、時として生きる希望を与えてくれます。花とともに生きるすばらしさを改めて実感した瞬間でした。

年配の男性が1輪の花を買う理由

寒さの厳しい時期に年配の男性が、家に花を1本を飾りたいと買いに来ました。

「お祝いですか？　プレゼントですか？」と尋ねると、答えにくそうな顔になりました。

私も、あまり突っ込んで聞かないほうが良さそうだと感じました。

そこで、「どんな花にしますか？　今の季節なら、少し早いですが春のチューリップなどいかがでしょうか？」

と言ってみました。

すると、小さな声で「実は……」と話し始めてくれました。

「以前、塀の中にいたときに、生まれて初めて花を購入して、無機質な部屋に1輪飾ってみたんです。それまで花を買ったり飾った記憶などなかったのに、無性に部屋に何かを置きたくなって花を飾ることにしたんです。

飾ってみたら、自分でも不思議なぐらい心が穏やかになって、花を見ていると笑っていられました。自然と笑顔の日を送ることができるようになったので、それからはなるべく部屋に1輪の花を飾るようにしてるんです……」

恥ずかしそうに教えてくれました。

あまりに思いがけない話に驚きましたが、私の心はすっかり温かくなりました。

花は心に平穏と潤いをもたらしてくれます。

きっと今も男性の部屋には、1輪の花が毎日欠かさずに飾られていると思います。

花に思いを込めてトップセールスマンに

業績がなかなか上がらない男性営業マンがいました。

何をしてもダメで、売上げも上がらず、会社では落ちこぼれ営業マンのレッテルを貼られ、いつかクビになるかもしれないと悩んでいました。

そんな彼が、私のところに「今からある女性社長のところに営業に行かないといけない。どうしたらいい？」と相談に来ました。

私は彼に、「自分の気持ちを込めて花に語りかけ、花に思いを伝えて花束を作ってみなさい」とアドバイスしました。


その営業マンが花束を渡すと、女性社長はビックリして、どうしたのか聞いてきました。彼は自分の率直な気持ちを話しました。

このことから、その会社との取引がスタートしたそうです。

それからは素直な気持ちを忘れず、相手のことを考えて情報を調べてから行動するようになりました。また「ここ!」という勝負どころでは、自分で作った花束を持っていくことを習慣にして、その後はトップセールスマンになったそうです。

彼は子どもの頃から内気で、人と接することが苦手でした。でも、心がやさしく、まじめで、イヤな仕事でも文句を言わずに黙々と働くタイプです。そんな自分の思いを花を通して相手に伝えることができたのです。

彼は今でも、何かあるたびに花に思いを伝えて届けています。**花を使うことで自信が生まれ、気持ちや行動が変わったのです。**

認知症患者の記憶と笑顔が蘇る

認知症の高齢者を対象とした簡単なフラワーアレンジメント教室の依頼を老人ホームから受けたことがあります。

聞いてみると、花を自由にアレンジメントすることで、脳の活性化やリラックス効果、自己の心の表現を促進したいということでした。

簡単なフラワーレッスンに参加してもらい、一緒にアレンジメントを制作していきました。始める前はみなさん、あまり興味もなく、早く時間が過ぎればいいのにという感じでした。

そこで私は、「みんなを笑顔にしてあげてね」と花に向かって心の中で語りかけました。

いざスタートして花にふれ始めると、みなさん、元気になっていきました。

参加した方々が全員、花とふれているときは本当にうれしそうな顔だったことが強く印象に残っています。

あるおばあちゃんは、先に亡くなったおじいちゃんとの出会いのことを、「親の決めた人と結婚したけど当時はそれが当たり前の時代だった」と恥ずかしそうに、でもうれしそうに私に教えてくれました。

花は色だけでなく、やさしい香りでも五感に作用します。感覚の赴くままに自由に花をアレンジすることは、自己認識へのきっかけとなり、認知症特有の不安感や孤独感、抑うつ状態などのストレスからの解放の手助けともなります。

あとで、おばあちゃんたちから聞いた話をホームのスタッフに話すと、「私たちでもそんなことは聞いたことがない」と驚いていました。

花とふれあっていたとき、おばあちゃんは私に伝えているのではなく、花に語りかけていたのかもしれません。

1本の花を持って出勤する女子社員

毎朝、母親から花を1本持たされて出勤してくる女子社員がいました。

あるとき、花を持ってくるわけを聞いたところ、母親から「花のある職場はみんなを笑顔にさせて、会話が生まれるきっかけを作ってくれるよ」と言われていることを教えてくれました。娘が少しでも良い環境で働けるようにという親心に包まれた花だったのです。

その花を見るたびにお客さまや社員は、自然とやさしい気持ちで声をかけ合うようになりました。社内の空気もよく、みんなが助け合い、信頼し合っている職場になりました。

その女子社員は社内で素敵なパートナーと結ばれ、幸せな毎日を送っているそうです。

花から生まれる笑顔

落ち込んでいた友人に1本の花をプレゼントしたことがあります。そのとき、私は彼にこう言いました。

「朝起きたら、この花に今の気持ちを語りかけるといいよ。そして、鏡の前で最高の笑顔を作って、花に『いってきます』と言って出かけるんだ」

根が真面目な彼は、私のアドバイスを守ってくれました。すると、彼から自然な笑顔があふれるようになってきました。

あなたの思いを花に込めて行動すれば、花は見ていてくれます。まわりの人もあなたの変化を見ていてくれます。

あなたが笑顔になれば、相手も笑顔になります。花はそんな笑顔を作ってくれます。

プロローグ

人生が変わる魔法の花風水

1輪の花があなたを変化させる

1輪100円の花を部屋に飾ってみてください！

1輪の花を飾るだけで、運気が変わり、気持ちが変わり、行動が変わります。プラス思考になって、**良いことがどんどん起こる**ようになります。立派な花束やアレンジメントを飾る必要はありません。帰り道のスーパーで売っている1輪100円の花で良いのです。
想像してください。部屋に帰ってきたとき、テーブルの上に1輪の花が飾られている部屋と、何もない殺風景な部屋……。

ドアを開けて部屋に入ったとき、ホッとするのはどちらでしょう?

答えは、言うまでもありません。


千葉大学の宮崎良文先生が興味深い研究をされています。

花を飾ったときと飾らないときで、交感神経と副交感神経の働きを研究した結果、花を飾ったときのほうが副交感神経の働きが増し、交感神経の働きが下がることがわかりました。

副交感神経はリラックスしているときに活発になります。つまり、**花を飾ると人はストレスが減ってリラックスできるのです。ストレスが減るので、集中力も高まります。**

花には、そんな不思議な力がありますが、これは生きた花だからです。造花にはその力はありません。生きた花を飾ることは、人が豊かに暮らすためにとても大切なことです。

風水で運気の力をプラスする

せっかく花を飾るなら、ぜひ風水のパワーも取り入れてください。

風水とは、その空間のエネルギーである「気」の流れが、各方位にどのように流れているかをとらえることが基本となります。

そこで、東、西、南、北に加えて、南西、北西、東北、東南の八方位にそれぞれどのようなエネルギー、つまり「気」が流れているかを見ることが基本となります。

京都の街や江戸時代の江戸城も、風水の考えを取り入れて設計されたと言われています。悪い気を追い払い、良い気が流れることで平和な時代が、より長く続くようにと願って造られたのです。

花や緑は「気」を感じとることができます。

花や緑は、悪い空気の流れをすくいとり、空気をキレイにしてくれているのです。

そのため、花や緑は飾る場所によって、すぐに枯れたり、長くもったりするのです。試しに玄関、リビング、トイレ、寝室などに、バラでもダリアでも同じ花を飾ってみてください。その違いがわかると思います。

花がすぐに枯れるのは、その花の生命力が弱かったり、水が花に合わなかったのではありません。その場所に流れたり、溜まっている悪い「気」をあなたの代わりに吸い取ってくれたのです。

花を飾ることで「気」の流れが変わります。するとなんとなくその場の変化を感じられるでしょう。そして、**「気」が変わることで人の気持ちも良い方向に変わっていくのです。**

花風水とは何か

風水のベースにある「陰陽五行」とは

風水の基本には「陰陽五行《いんようごぎょう》」の考え方があります。

陰陽五行は5つの「気」を表しています。この五行のバランスがうまくとれていることが、地球上に生きているすべての命にとって望ましいと考えられています。

五行は「木」「火」「土」「金」「水」に分かれていて、五行と花や緑は不

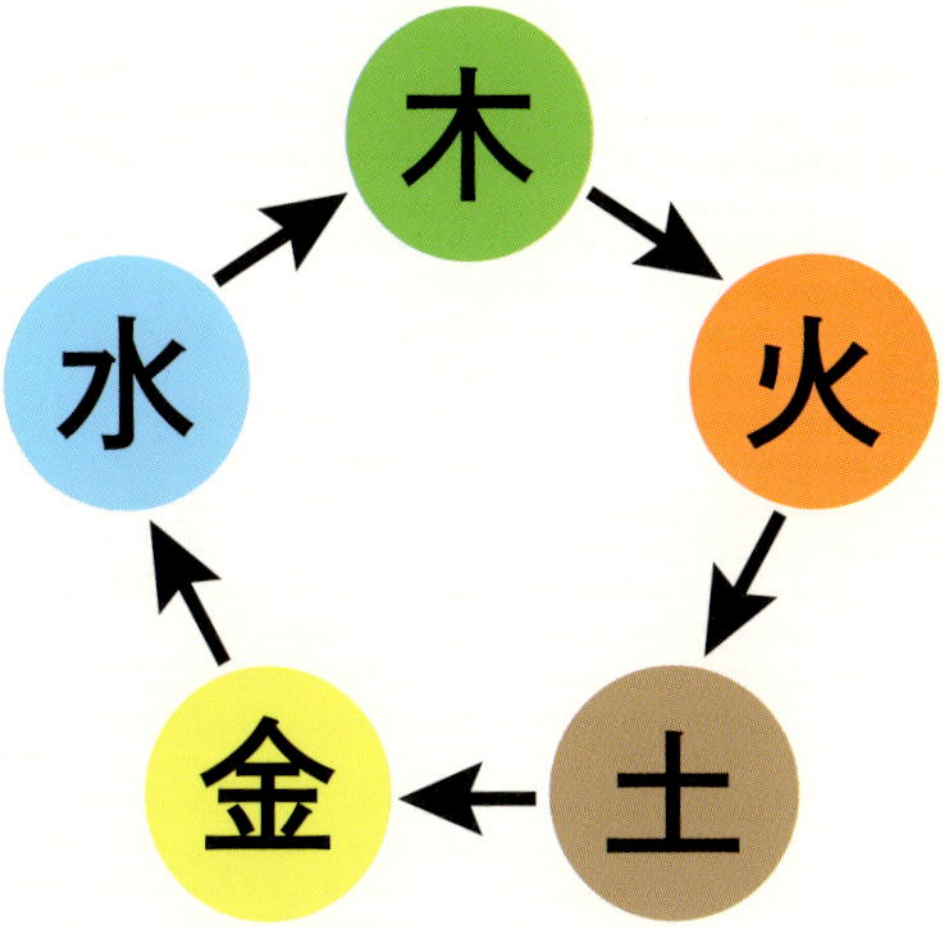

可欠の関係にあります。

「木」「火」「土」「金」「水」の5つは、図のような関係にあります。

木を燃やすと火が出るので、木は火を生かします。

火は燃えると土になるので、火は土を生かします。

土の中からは金（鉱物）が出てくるので、土は金を増やします。

金の表面からは水が生じる（鉱物の表面には水滴が生じる）ので、金は水に栄養を与えます。

水で木が育つので、水は木に栄養を与えます。

このように「木」→「火」→「土」→

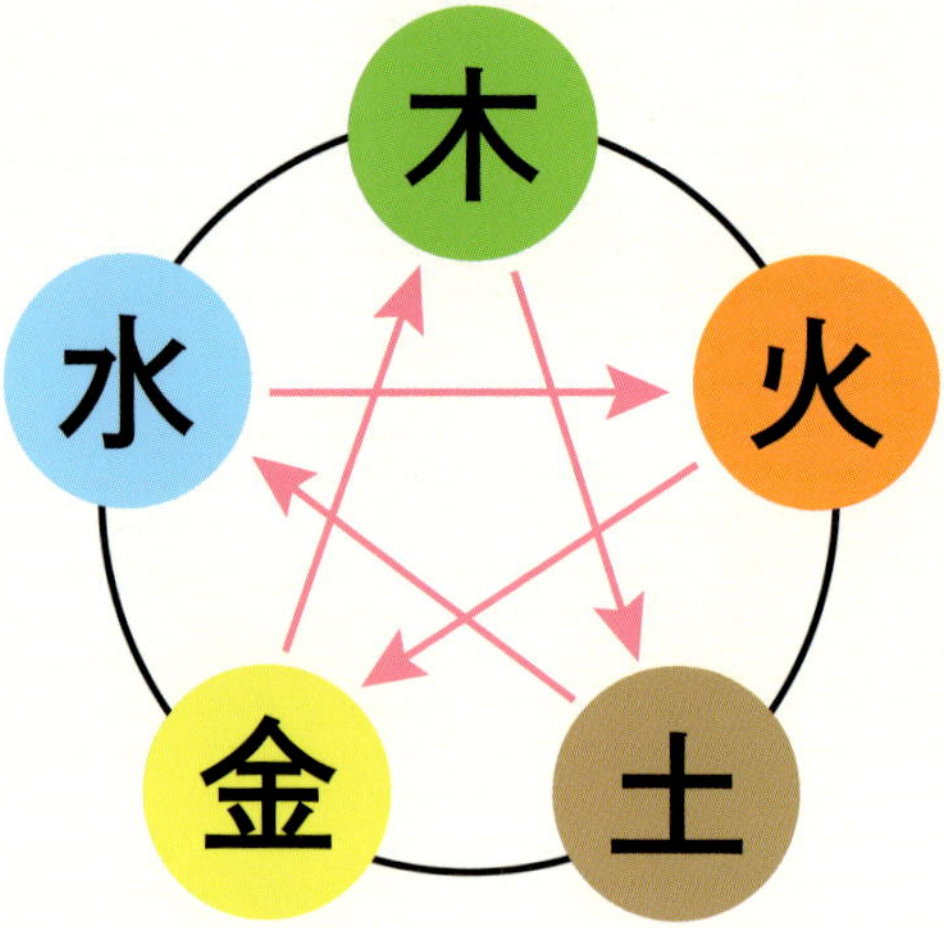

「金」↓「水」は、時計回りにエネルギーを渡していく、「相生《そうしょう》」という「相性の良い関係」になっています。

それでは、「木」と「土」はどうでしょう。木は土の養分を奪うので、木と土はぶつかり合います。

同様に、火は金を溶かします。土は水を止めます。金は木を倒します。水は火を消します。このように向かい合う関係は、「相克《そうこく》」といって「相性の悪い関係」になっています。

「相克」の関係はそれぞれがぶつかり合うので、あいだに何かを入れたり、飾ったりすることで「相生」の関係となり、「良い気」が循環し、素晴らしい気の状態になります。

この「悪い気の関係」を、花や緑をあいだに置くことで「良い気の関係」に変えてあげることが、この本で行っているさまざまなアドバイスのベースになっています。

自分の「五行本命掛」を知る

「木」「火」「土」「金」「水」の5つを本命掛《ほんめいか》と呼びますが、人はそれぞれいずれかの本命掛に属しています。

あなたが本命掛のどれにあたるのかは、生まれた年から知ることができます。本来であれば自分の生まれた西暦に少々複雑な計算をして導き出すのですが、ここではわかりやすく早見表を作りました。

次のページからの早見表を見て、自分の本命掛を確認してみましょう。

家族や友人などの本命掛も、生まれた年から導き出すことができます。

あなたの生年月日	女性	男性
1929年2月4日～1930年2月3日	金	土
1930年2月4日～1931年2月3日	土	金
1931年2月4日～1932年2月3日	火	金
1932年2月4日～1933年2月3日	水	土
1933年2月4日～1934年2月3日	土	木
1934年2月4日～1935年2月3日	木	木
1935年2月4日～1936年2月3日	木	土
1936年2月4日～1937年2月3日	土	水
1937年2月4日～1938年2月3日	金	火
1938年2月4日～1939年2月3日	金	土
1939年2月4日～1940年2月3日	土	金
1940年2月4日～1941年2月3日	火	金
1941年2月4日～1942年2月3日	水	土
1942年2月4日～1943年2月3日	土	木
1943年2月4日～1944年2月3日	木	木
1944年2月4日～1945年2月3日	木	土
1945年2月4日～1946年2月3日	土	水
1946年2月4日～1947年2月3日	金	火
1947年2月4日～1948年2月3日	金	土
1948年2月4日～1949年2月3日	土	金
1949年2月4日～1950年2月3日	火	金
1950年2月4日～1951年2月3日	水	土
1951年2月4日～1952年2月3日	土	木

あなたの生年月日	女性	男性
1952年2月4日～1953年2月3日	木	木
1953年2月4日～1954年2月3日	木	土
1954年2月4日～1955年2月3日	土	水
1955年2月4日～1956年2月3日	金	火
1956年2月4日～1957年2月3日	金	土
1957年2月4日～1958年2月3日	土	金
1958年2月4日～1959年2月3日	火	金
1959年2月4日～1960年2月3日	水	土
1960年2月4日～1961年2月3日	土	木
1961年2月4日～1962年2月3日	木	木
1962年2月4日～1963年2月3日	木	土
1963年2月4日～1964年2月3日	土	水
1964年2月4日～1965年2月3日	金	火
1965年2月4日～1966年2月3日	金	土
1966年2月4日～1967年2月3日	土	金
1967年2月4日～1968年2月3日	火	金
1968年2月4日～1969年2月3日	水	土
1969年2月4日～1970年2月3日	土	木
1970年2月4日～1971年2月3日	木	木
1971年2月4日～1972年2月3日	木	土
1972年2月4日～1973年2月3日	土	水
1973年2月4日～1974年2月3日	金	火
1974年2月4日～1975年2月3日	金	土

あなたの生年月日	女性	男性
1975年2月4日～1976年2月3日	土	金
1976年2月4日～1977年2月3日	火	金
1977年2月4日～1978年2月3日	水	土
1978年2月4日～1979年2月3日	土	木
1979年2月4日～1980年2月3日	木	木
1980年2月4日～1981年2月3日	木	土
1981年2月4日～1982年2月3日	土	水
1982年2月4日～1983年2月3日	金	火
1983年2月4日～1984年2月3日	金	土
1984年2月4日～1985年2月3日	土	金
1985年2月4日～1986年2月3日	火	金
1986年2月4日～1987年2月3日	水	土
1987年2月4日～1988年2月3日	土	木
1988年2月4日～1989年2月3日	木	木
1989年2月4日～1990年2月3日	木	土
1990年2月4日～1991年2月3日	土	水
1991年2月4日～1992年2月3日	金	火
1992年2月4日～1993年2月3日	金	土
1993年2月4日～1994年2月3日	土	金
1994年2月4日～1995年2月3日	火	金
1995年2月4日～1996年2月3日	水	土
1996年2月4日～1997年2月3日	土	木
1997年2月4日～1998年2月3日	木	木

あなたの生年月日	女性	男性
1998年2月4日～1999年2月3日	木	土
1999年2月4日～2000年2月3日	土	水
2000年2月4日～2001年2月3日	金	火
2001年2月4日～2002年2月3日	金	土
2002年2月4日～2003年2月3日	土	金
2003年2月4日～2004年2月3日	火	金
2004年2月4日～2005年2月3日	水	土
2005年2月4日～2006年2月3日	土	木
2006年2月4日～2007年2月3日	木	木
2007年2月4日～2008年2月3日	木	土
2008年2月4日～2009年2月3日	土	水
2009年2月4日～2010年2月3日	金	火
2010年2月4日～2011年2月3日	金	土
2011年2月4日～2012年2月3日	土	金
2012年2月4日～2013年2月3日	火	金
2013年2月4日～2014年2月3日	水	土
2014年2月4日～2015年2月3日	土	木
2015年2月4日～2016年2月3日	木	木
2016年2月4日～2017年2月3日	木	土
2017年2月4日～2018年2月3日	土	水

自分にピッタリの花を知る

自分の本命掛が何かわかりましたか？

それでは次に、あなたの全体運を上げるためにピッタリの花や緑をまとめた花風水レシピを見ていきましょう。

花風水レシピとは、監修者の岡田有未先生と私がこの本のために作った言葉です。陰陽五行に基づく風水の専門知識をベースに、どの方角にどんな色の花をどんな器に飾るのかをまとめ、それを「花風水レシピ」と表現しています。

花風水レシピを見れば、誰でも簡単に風水を実践して運気を高めることができます。

あなたの全体運（おおよその傾向）を上昇させる花風水レシピは、次のようになります。

2017年の全体運をよくする花風水レシピ

木

花の色……………緑・青・黄色
方角………………東北・西
器の形……………長方形
花のタイプ………発展的・のびのび
おすすめの花……枝もの・観葉植物・デルフィニウム・ブルースター

火

花の色……………紫・赤・ピンク・オレンジ・緑
方角………………南東
器の形……………三角
花のタイプ………行動・前向き
おすすめの花……トルコキキョウ・ユリ

土

花の色……………黄色・オレンジ・ゴールド・赤・白
方角………………南・北西・東
器の形……………四角
花のタイプ………どっしり・落ち着き
おすすめの花……オンシジューム・スイトーピー・ユリ

金

花の色……………白・ゴールド・シルバー・薄いピンク・紺
方角………………北・南西
器の形……………丸
花のタイプ………シャープ・華やか
おすすめの花……ダリア・バラ

水

花の色……………黒・紺・濃紺
方角………………部屋の中心
器の形……………波形
花のタイプ………柔軟性・流れる
おすすめの花……バラ・蘭・ダリア

2018年の全体運をよくする花風水レシピ

木

花の色……………緑・青・赤・黄色
方角………………東北・南
器の形……………長方形
花のタイプ………発展的・のびのび
おすすめの花……枝もの・観葉植物・
デルフィニウム・ブルースター

火

花の色……………紫・赤・ピンク・オレンジ
方角………………部屋の中心
器の形……………三角
花のタイプ………行動・前向き
おすすめの花……ダリア・バラ

土

花の色……………黄色・オレンジ・ゴールド・白・緑
方角………………北・西・東南
器の形……………四角
花のタイプ………どっしり・落ち着き
おすすめの花……オンシジューム・スイトーピー・ユリ

金

花の色……………白・ゴールド・シルバー・
薄いピンク・青・黄色
方角………………南西・東
器の形……………丸
花のタイプ………シャープ・華やか
おすすめの花……トルコキキョウ・ユリ

水

花の色……………黒・紺・濃紺・白・シルバー
方角………………北西
器の形……………波形
花のタイプ………柔軟性・流れる
おすすめの花……バラ・蘭・ダリア

この全体運は、「全体としてこの傾向が望ましい」というもので、風水的には2019年以降も毎年少しずつ変わっていきます。

せっかくなので、自分の全体運だけでなく、大切な家族や友人や恋人のレシピも知っておくと便利です。

新しい部屋に引っ越しをした友人のところへ、引っ越し祝いを持って訪ねるときなど、その人の五行に合った色の花をプレゼントとして持っていきましょう。そのとき、花を飾る器も用意して、「この花をこの方角に飾ると風水的に良いんだよ」と言って、望ましい方角に飾ってあげてください。きっと、喜んでもらえますよ。

自分のために、そして家族や恋人、友だちとのきずなを深めるのに花や緑を役立ててください。

きっと気持ちが変わり、幸せがやって来ます。

全体運と花風水レシピ

全体運は、風水的なその人のベーシックな運気を表しています。

「自分はこんな方角や花と相性がいい」と知っていることで、様々な場面で幸せを呼び込みやすくなるでしょう。

一方、本書の本編PART1〜PART5でご紹介する目的別の花風水レシピは、すべての人に共通するアドバイスです。

まずは先ほどの全体運レシピから自分のベースとなる運気を知り、そのうえで何か困ったときや悩んだときなどには、その目的に沿った花風水レシピを本書で見つけて実践してみてください。

飾った花とのつきあい方

花に「ありがとう」を伝えてください

花がすぐに枯れると言われるお客さまに、私は「花が枯れるのは悪いことではありませんよ」とお伝えしていますが、それでもはやり長持ちさせたい思う人も多くいます。

そこで私は「毎日水を替えてください」とお願いしています。

風水の「水」は水の流れです。水にも悪い気が溜まっていきます。毎日水を替えることで水の流れをよくすると、気の流れがよくなります。

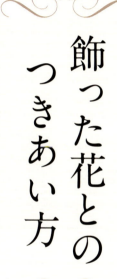

そして、「花に語りかけてください」ともお願いしています。

「おはよう、今日もありがとう」と朝、花に語りかけると、花は「幸せの始まりですよ」と笑顔で答えてくれます。今日も1日、人に笑顔、ワクワクを届けたいと花たちも頑張ってくれます。

夜、帰ってきたときは「ただいま、今日も良いことがあったよ」と花に報告すれば、あなたの感謝を受け止め、花はあなたの家の空気の流れを見守ってくれます。

毎日、水を替え、ありがとうを伝えてください。

観葉植物などは1週間に1度くらい、葉っぱにたまったホコリを拭いてあげてください。拭くときには、ありがとうの思いを伝えてください。

花や緑は、あなたがかける声をちゃんと聞いています。

私も花を活けたりアレンジメントを作るときは、いつも花たちに「ありがとう、今日はどこに何しに行くとよ」と言葉をかけています。

今日も笑顔になってね。頑張ってね。ワクワクしてよ。君たちがワクワクすると、僕も幸せだよ。今日もキレイだね。笑顔が最高……。

そう念じると、不思議なことに花たちも私に向かって笑顔で応えてくれます。

すると、なんの迷いもなく花を活けることができます。自然に逆らわず、どこにいたい？　と花に聞き、花の思いを感じとることで、お客さまに笑顔と思いを伝えることができています。

花はしゃべりませんが、あなたを見ています。あなたのありがとうを花に伝えると、花はあなたに素晴らしい笑顔をプレゼントしてくれるのです。

Magical Flower Feng Shui Recipe

PART 1

夫婦・カップルに効く魔法の花風水レシピ

夫、妻、恋人との仲がうまくいく魔法の花風水

夫婦や恋人との間では良いことばかりではなく、いろいろなトラブルも起こるでしょう。それも人生だからと割り切ることも大切ですが、悪いことはなるべく避けて通りたいもの。

パートナーとの仲が険悪になったとき、そのままにしていてはお互いの気持ちはどんどん離れていってしまいます。

そんなときは、相手の気持ちを思いやる言葉をかけ合うことが一番大切ですが、部屋に花を飾ることで運気を味方につけるのも効果的です。同居している2人なら、部屋に花があることでお互いの気持ちも落ち着き、以前にも増して良い関係を築くことができます。

まずは、パートナーとの関係が全体的に安定するオールマイティな花風水レシピをご紹介します。万能の効果を得たいという方はこれで十分かもしれません。

そして次の見開きからは、より具体的な問題解決のための花風水レシピをご紹介していきます。

パートナーとの関係全般に効く花風水レシピ

花のイメージ ―― かわいい

花の色 ―― 白、ピンク

器の形 ―― 丸

器の色 ―― 白

花を飾る場所 ―― リビング

飾る方向 ―― 南

おすすめの花 ―― ラナンキュラス、バラ、カーネーション

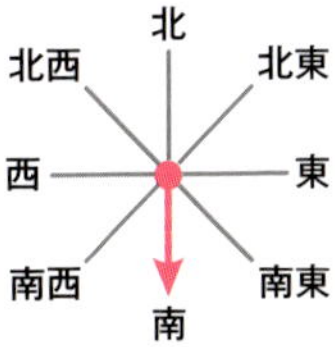

ラナンキュラス

夫婦喧嘩の仲直り

花風水レシピ

花のイメージ	シャープ
花の色	ピンク
器の形	丸
器の色	白
花を飾る場所	リビング
飾る方向	西
おすすめの花	バラ、ユリ

「夫婦喧嘩は犬も食わぬ」と言うものの、激しい喧嘩をしてしまったあとは、お互いとってもネガティブな気分になってつらい状態です。家の中の空気も重たく、どうやって仲直りしようかと、きっかけを見つけるのも大変ですよね。

　愛し合っている夫婦ですから、時間が経てばいつも通りの振る舞いに戻るはずですが、花風水の力を借りれば、不思議と仲直りまでの時間が短くなるでしょう。重たかった家の中の空気が変わるのです。

　ピンク色のバラやユリをリビングの西側に飾りましょう。写真のようにキレイに飾り立てなくても、1輪だけぽんっと花瓶にさすだけで効果があります。レシピにあるように、花瓶は口が丸くて白いものを使うと◎です。

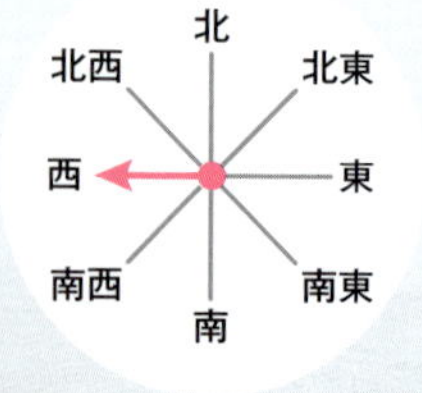

ユリ

恋人との関係を修復する

花風水レシピ

花のイメージ	丸い
花の色	ピンク、赤
器の形	丸
器の色	指定なし
花を飾る場所	テーブル
飾る方向	西
おすすめの花	スイートピー、ガーベラ

家族として生活している夫婦とは違い、恋人との関係というのはある意味とてももろいものです。

本当は好きなのに恋人と仲違いしてしまい、いつ別れを切り出されるか怯えるなんてこともあるで

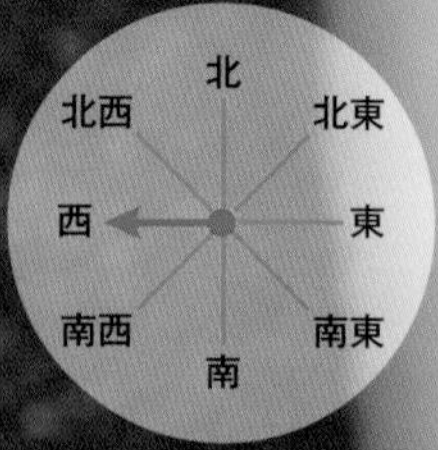

しょう。

そこまで深刻ではないにしろ、日々のささいな喧嘩やすれ違い、嫉妬や猜疑心など、恋愛に不安はつきものです。

恋人との関係に少しでも不安を感じ始めたら、ダイニングテーブルやソファーテーブルにピンクか赤の花を飾りましょう。

風水レシピでは口が丸い器を指定していますが、花瓶ではなく、マグカップなどの食器を花瓶代りにしてもかわいくまとまります。

ガーベラ

夫の機嫌を良好にする

花風水レシピ

花のイメージ	やさしい
花の色	オレンジ、黄色
器の形	丸、波形
器の色	指定なし
花を飾る場所	トイレ
飾る方向	北東
おすすめの花	チューリップ、バラ

旦那さまの機嫌が悪いと、一緒にいるあなたまで居心地が悪くなりますよね。

仕事での失敗や気疲れ、ストレスなど、あなた自身に原因がなくても旦那さまの気分がすぐれないこともあるでしょう。

そんなときはトイレにさりげなく花風水レシピを取り入れましょう。風水の力はもちろんですが、ひとりになる空間にオレンジや黄色の明るい色彩の花とその香りがあるだけで、物理的にも気分がリフレッシュするでしょう。

バラ

北
北西
北東
西
東
南西
南東
南
バラ

旦那さんや恋人の仕事がうまくいっていないと、ぼーっと考えごとをしたり、イライラと八つ当たりされたり、家にも仕事を持ち帰ってきたりと、プライベートにも影響が

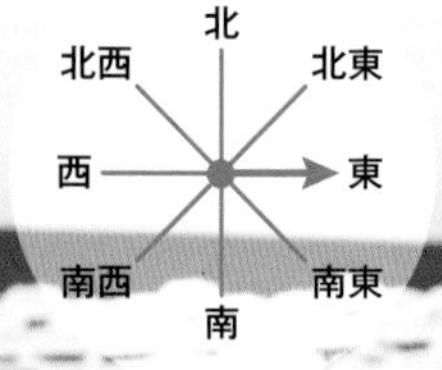

パートナーの仕事運UP

花風水レシピ

- 花のイメージ ――― のびのび
- 花の色 ――― 緑、オレンジ
- 器の形 ――― 四角
- 器の色 ――― 指定なし
- 花を飾る場所 ――― リビング
- 飾る方向 ――― 東
- おすすめの花 ――― バラ、枝もの、観葉植物

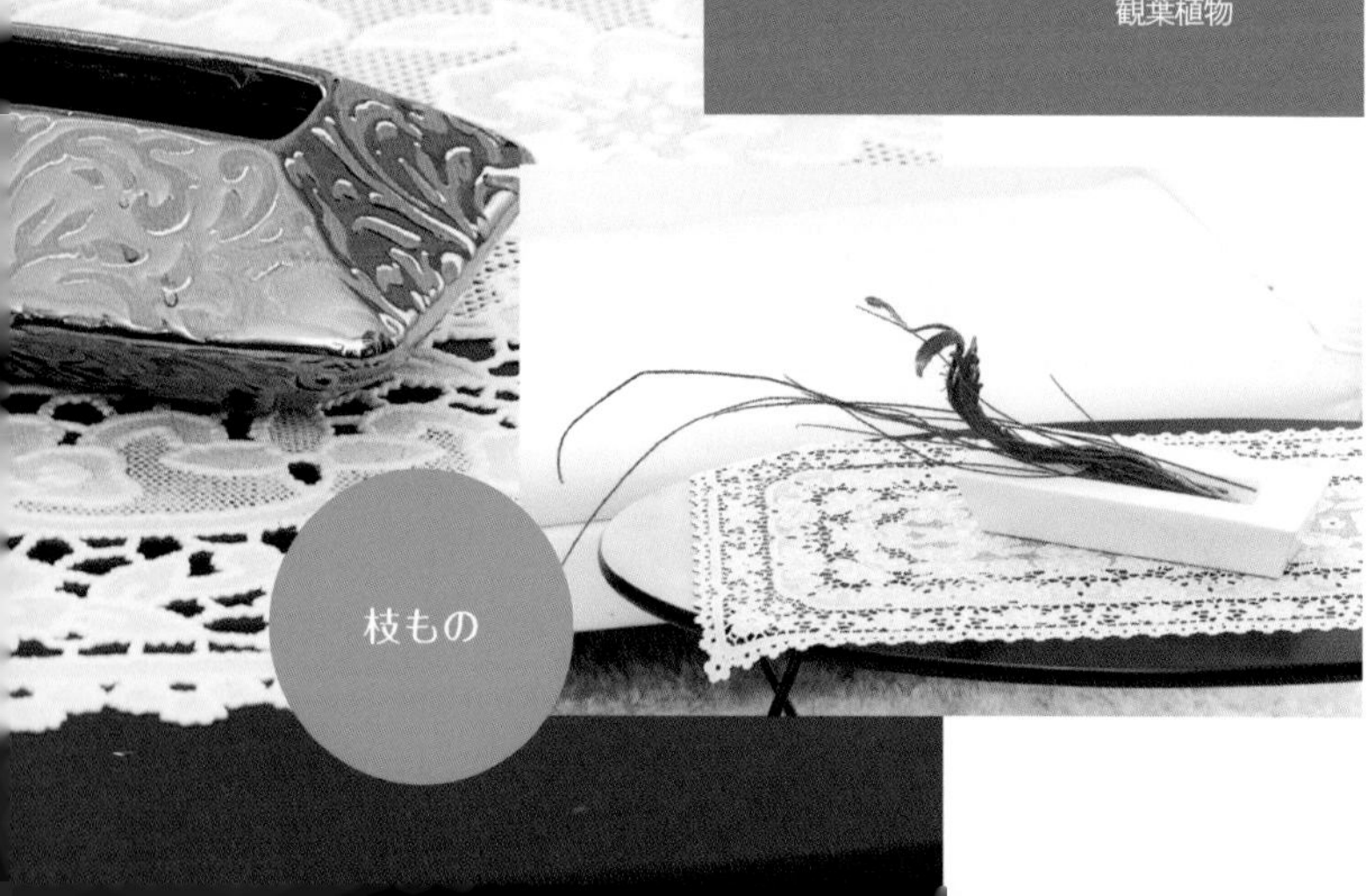

枝もの

出てしまいがちです。

パートナーにはいつも笑顔でいてほしいものですよね。

仕事上のことで何か思い悩んでいそうな雰囲気を察したら、パートナーの仕事運を上昇させる花風水レシピをこっそり仕込んであげましょう。

リビングの東側、四角い器を用意してオレンジや緑の植物を飾ります。バラや観葉植物などがオススメです。

その日の夜は、どこかすっきりと吹っ切れた笑顔で帰宅してくれるかもしれません。

恋人のイライラ退治

花風水レシピ

- 花のイメージ ——— やさしい
- 花の色 ——— オレンジ、黄色
- 器の形 ——— 丸、波形
- 器の色 ——— 指定なし
- 花を飾る場所 ——— 玄関、階段
- 飾る方向 ——— 東
- おすすめの花 ——— ひまわり、マリーゴールド、ガーベラ

理由が何にせよ、恋人がイライラしている姿はあまり見たくはありませんね。

人の心を穏やかにする花を1輪飾るだけでも空気が変わります。室内に階段がないアパートやマンションの場合は、玄関に飾っても同じ効果が期待できます。

ガーベラ

満たされる夜にする

花風水レシピ

花のイメージ	かわいい
花の色	紫、赤、ピンク
器の形	丸
器の色	指定なし
花を飾る場所	寝室
飾る方向	南
おすすめの花	ガーベラ、 バラ、 あじさい、 スイートピー

今日は思いっきり恋人に甘えたい……
改めて愛を確かめ合いたい……
恋人をめちゃくちゃにしたい、されたい……
そんな満たされたい気分の夜は、
相手をその気にさせる花風水レシピを
ベッドルームの南側に仕込んでおきましょう。

最近ちょっと彼の元気がない……
夜のコミュニケーションが減ってきた……
そんなときにも
きっと素敵な効果がありますよ。

バラ

ふたりのマンネリ解消

最近、なんだか相手へのトキメキが減ってきた……、以前のように一緒に居られることへの感動が薄れてきた……。夜のコミュニケーションも以前ほど刺激が減った……。

長い付き合いであればあるほどふたりを悩ませるマンネリという病。そんなときにも花風水は活躍します。

ベッドルームの北側、曲線が美しいひょうたん型の器に上品で妖艶な花を飾れば、きっとお互いに新たな魅力を発見するでしょう。

花風水レシピ

花のイメージ	上品
花の色	赤、紫、ピンク
器の形	ひょうたん
器の色	指定なし
花を飾る場所	寝室
飾る方向	北
おすすめの花	バンダ、ダリア

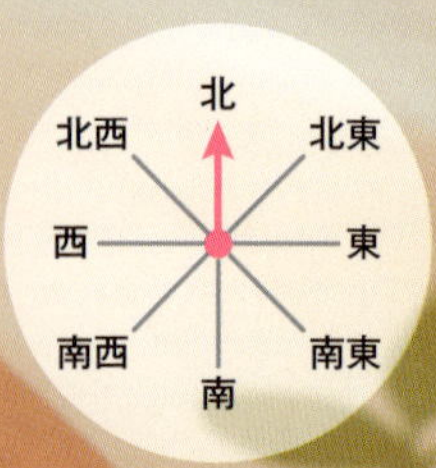

バンダ

ダリア

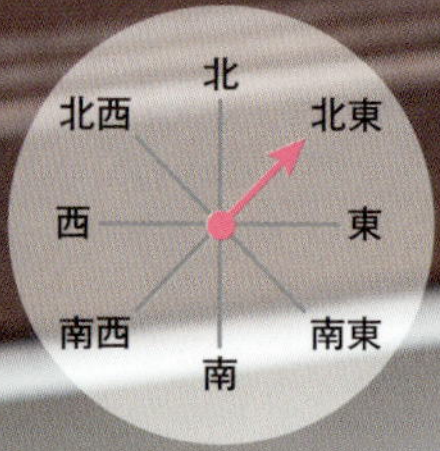

円満な関係をキープさせる

花風水レシピ

花のイメージ	細長い
花の色	オレンジ、ピンク、グリーン
器の形	丸
器の色	指定なし
花を飾る場所	玄関、階段
飾る方向	北東
おすすめの花	バラ、ガーベラ

バラ

今の幸せがこのままずっと続けばいいのに!

そう感じたら、ぜひこの花風水レシピを試してみてください。家の玄関や階段に飾る明るい色の花は、パートナーとの好ましい関係を長く保ってくれる力を秘めています。

マグカップはもちろんのこと、身近にある空き瓶なども花瓶として利用できます。水を半分ほど入れて、茎を短くカットした花を葉と一緒に浮かべれば、インテリアとしても良いアクセントになります。

バラ

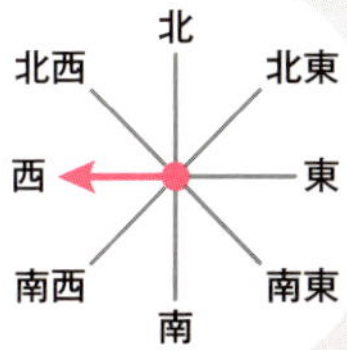

離婚・別れをスムーズに

花風水レシピ

花のイメージ	かわいい
花の色	白
器の形	三角形
器の色	指定なし
花を飾る場所	リビング
飾る方向	西
おすすめの花	バラ、ガーベラ

一緒にいると自分がダメになる、顔を見るだけでつらい、でも別れを言い出せずにいる……。

そんなときは、人との縁をスムーズに切ることができる花風水レシピがあなたの決断を後押ししてくれるでしょう。

夫婦で離婚協議をする場面、離婚調停に臨むときなども、問題をこじらせないようにリビングの西側に白くてかわいい花をそっと飾っておきましょう。

別れは新たな出会いのはじまりです。躊躇せずに潔く。

四季のくつろぎタイム 春

四季折々の花で部屋を彩って、季節を目と香りで感じながらちょっとぜいたくな癒しを堪能しましょう。春はリビングの北西に飾るのが吉。深いリラックスタイムを楽しめるはずです。

春に癒しをくれる花風水レシピ

花のイメージ	シャープ
花の色	緑、ピンク、黄色、オレンジ
器の形	長方形
器の色	指定なし
花を飾る場所	リビング
飾る方向	北西
おすすめの花	ユリ、枝もの

Magical Flower Feng Shui Recipe

PART

2

あなたの魅力を引き出す魔法の花風水レシピ

あなたの魅力を引き立て人間関係を有利に導く

気になっている人に振り向いてほしい、素敵な出会いをしてみたい……そんなことを願っている人も多いでしょう。

また、仕事でミスをして謝らなければいけない、明日は苦手は人と打ち合わせしなければならない、といったコミュニケーションに関する不安ごとを抱えることもあります。

このパートでは、あなたの人間的な魅力を最大限に引き出すことによって、いろいろな願いや心配ごとがうまくいったり、人間関係がスムーズにいくような花風水レシピをご紹介します。

まずは、あなた自身をイキイキと輝かせて、人間関係全般がうまくいくオールマイティな花風水レシピです。

そして次の見開きからは、より細かいシチュエーションごとに、効果的なレシピをご紹介していきます。

人間関係全般に効く花風水レシピ

花のイメージ ——— 上品
花の色 ——— 緑、黄色、オレンジ
器の形 ——— 長方形
器の色 ——— 指定なし
花を飾る場所 ——— リビング
飾る方向 ——— 南西
おすすめの花 ——— バラ

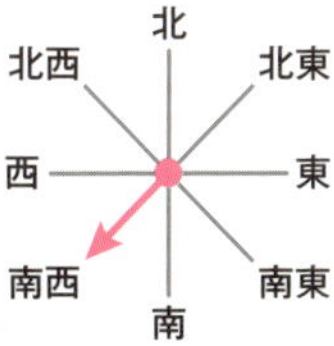

意中の人に告白するとき

誰かに告白する大勝負を控えているときは、玄関にピンクの花を飾りましょう。季節に合わせて桜やガーベラ、デルフィニウムなどの花がおすすめです。

この花風水レシピには、恋愛運を向上させるパワーと、あなたの願いを成就させるパワーが秘めら

花風水レシピ

花のイメージ	細い
花の色	ピンク
器の形	丸
器の色	指定なし
花を飾る場所	玄関
飾る方向	北西
おすすめの花	桜、ガーベラ、デルフィニウム

ガーベラ

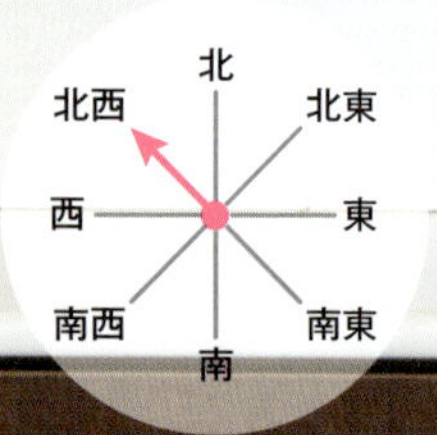

れています。レシピを実践すると、玄関の雰囲気が変わるのはもちろん、あなた自身が放つ空気感がパッと明るくなるはずです。

家を出るときに、さりげなくあなたを見守るかわいいピンクの花は、気分的にもあなたを積極的にしてくれるでしょう。

桜

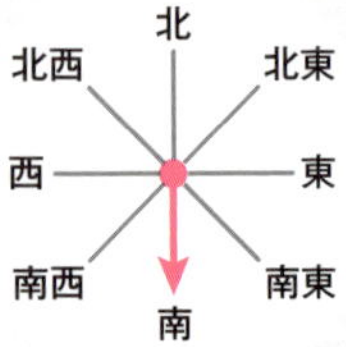

異性の関心を引き寄せる

花風水レシピ

花のイメージ	上品
花の色	紫、ピンク、赤
器の形	丸、波形
器の色	指定なし
花を飾る場所	キッチン
飾る方向	南
おすすめの花	バンダ、ダリア、パンジー

ダリア

あなたの魅力や存在感を際立たせ、異性にとって目立つ存在にしてくれる花風水レシピです。

告白する勇気はないけれど、なんとかあの人を振り向かせたい、そんなときに実践してみるとよいでしょう。風水の運気によって、意中の人があなたのことを気になり出すかもしれません。

合コンやパーティーなどで異性の関心を集めたい、そんなときにも効果を発揮するので、ある意味禁断の花風水レシピといえます。

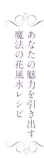

婚活
成功宣言

花風水レシピ

花のイメージ	かわいい
花の色	赤、ピンク
器の形	丸
器の色	指定なし
花を飾る場所	リビング
飾る方向	北西
おすすめの花	ラナンキュラス、バラ

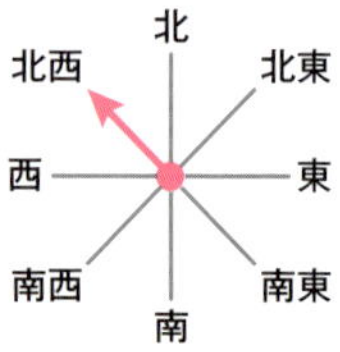

将来の旦那さまに巡り逢い、あなたを素敵な結婚へと導いてくれる恋愛・結婚運をもたらす花風水レシピです。婚活の期間中は、リビングの北西に赤かピンクのかわいらしい花を毎日欠かさないようにしましょう。

婚活に関する全体的な運気がアップしますが、他の花風水レシピと組み合わせると、より素敵な運気を味方につけることができるでしょう。

たとえば、ここ一番の婚活パーティーが迫っているなら、「いつもより美しく魅せる（P86）」や「コミュ力を強化する（P88）」などのレシピを組み合わせてしまうのもおすすめです。

バラ

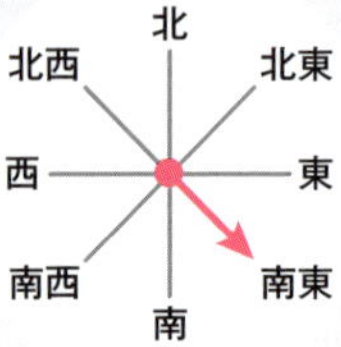

いい出会いに恵まれない、出会いの場がない、というのは多くの人が抱える悩みかもしれません。特に社会人にもなると仕事に追われてしまって、プライベートで新たな出会いをつくる機会も余裕もないという人がほとんどではないでしょうか。

そんなときは少しだけ花風水の力を借りましょう。

キッチンの南東に四角い器を用意して緑、ピンク、赤のいずれかの花を飾ります。写真のように、剣山代わりに金属たわしを使ってもおしゃれです。

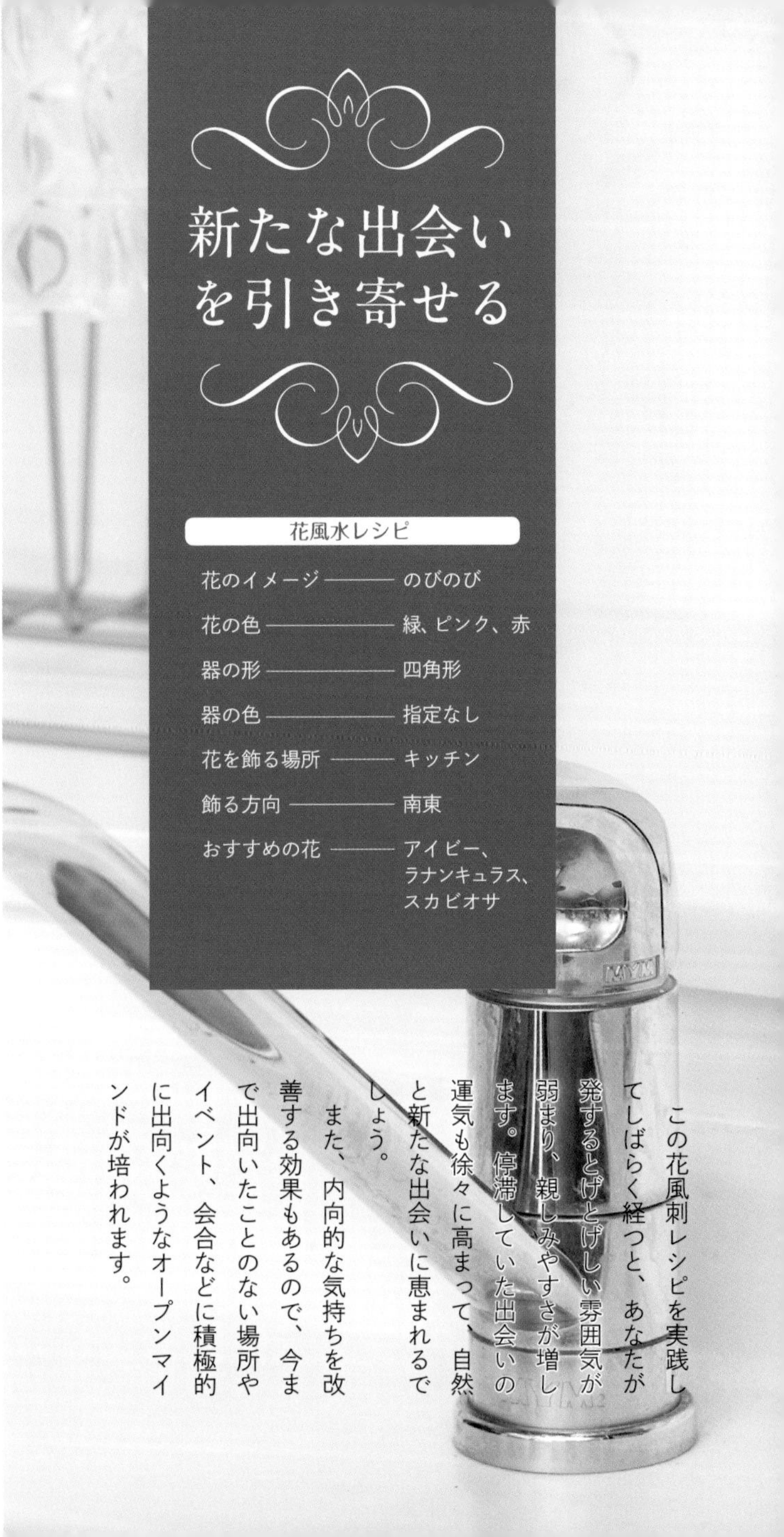

新たな出会いを引き寄せる

花風水レシピ

花のイメージ ――― のびのび
花の色 ――― 緑、ピンク、赤
器の形 ――― 四角形
器の色 ――― 指定なし
花を飾る場所 ――― キッチン
飾る方向 ――― 南東
おすすめの花 ――― アイビー、ラナンキュラス、スカビオサ

この花風刺レシピを実践してしばらく経つと、あなたが発するとげとげしい雰囲気が弱まり、親しみやすさが増します。停滞していた出会いの運気も徐々に高まって、自然と新たな出会いに恵まれるでしょう。

また、内向的な気持ちを改善する効果もあるので、今まで出向いたことのない場所やイベント、会合などに積極的に出向くようなオープンマインドが培われます。

いつもより美しく魅せる

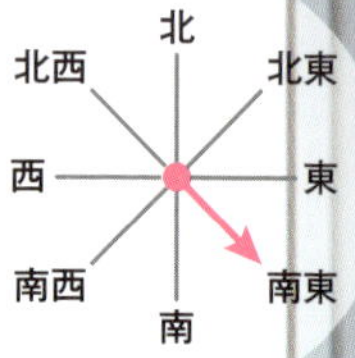

花風水レシピ

花のイメージ	やさしい
花の色	白、ピンク
器の形	丸
器の色	指定なし
花を飾る場所	ドレッサー
飾る方向	南東
おすすめの花	バラ、ダリア、あじさい、ガーベラ

バラ

あなたの持つ「美しさ」をピンポイントで際立たせるための花風水レシピです。

ドレッサーの近く、南東方向に白やピンクのやさしい雰囲気の花を飾りましょう。毎朝、毎晩そこに立って鏡を見るたびに、美の運気があなたに注がれます。

コミュ力を強化する

異性からも同性からも好かれる人は、とにかく一緒にいて楽しい人。そうなるためには、会話が楽しいだけでなく、いつも素敵な笑顔だったり、親しみやすい雰囲気だったり、いろんな要素が必要です。こうしたいわゆるコミュ力をアップさせれば、人生のいろんな場面で人間関係がうまくいくはずです。コミュ力に効く花風水レシピは、緑、黄、オレンジいずれかの色の花をリビングの南西方向に飾ること。器は長方形がベストです。

いつの間にか友人たちの輪の中心にあなたがいるかもしれません。

花風水レシピ

花のイメージ	どっしり
花の色	緑、黄色、オレンジ
器の形	長方形
器の色	指定なし
花を飾る場所	リビング
飾る方向	南西
おすすめの花	バラ、あじさい

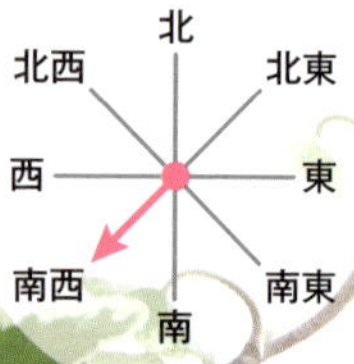

バラ

あじさい

観葉植物

苦手な人と うまくいく

花風水レシピ

花のイメージ	どっしり
花の色	黄色、白、緑
器の形	丸、三角形
器の色	指定なし
花を飾る場所	玄関
飾る方向	南東
おすすめの花	観葉植物、オンシジウム

誰にでも苦手なタイプの人はいるものです。そういう人と関わらないで過ごせれば楽なのですが、そうもいかないことだってあります。直属の上司が苦手……、同僚のあの人とは性格が合わない……、取引先のあの人との打合せはいつも憂鬱……など、逃げてばかりいられないのがつらいところです。

そんなときは、和解や親愛のパワーを持つこの花風水レシピが役に立ちます。実践すれば、不思議と相手への苦手意識が弱まり、お互いに心を開きやすくなるでしょう。

オンシジウム

四季のくつろぎタイム 夏

夏の自分へのごほうびタイムにぴったりな花風水レシピです。リビングの東側、すっきりとした三角形の器にぽんっと無造作にお花を飾るだけで、さわやかな癒しを得られます。

夏に癒しをくれる花風水レシピ

花のイメージ	発展
花の色	黄色、白、緑
器の形	三角
器の色	指定なし
花を飾る場所	リビング
飾る方向	東
おすすめの花	バラ、トルコキキョウ、多肉植物

Magical Flower Feng Shui Recipe

PART

3

トラブルを解決する魔法の花風水レシピ

生活や心身のトラブルをカバーしてくれる花風水

友人や家族、同僚など、人間関係のトラブルはどんな人にも経験があるはずです。また、体調を崩したり怪我をしたりと、健康面でのトラブルも避けては通れないものです。金銭的ピンチなどは生活のトラブルといえます。

さらに、仕事で失敗をして落ち込んだり自信を失ったり、ひどいときにはうつ病傾向になるなど、精神面でのトラブルも私たちを悩ませます。

こうした様々なトラブルに直面したとき、花風水はあなたを助けてくれます。実は花風水にとってトラブル解決はもっとも得意とする分野。なぜなら花には空気を変化させる力が備わっているからです。トラブルに見舞われたときこそ、大きく深呼吸をして、1輪の花を部屋に飾る余裕を持ちましょう。

まずは、あらゆるトラブル時に心と体を元気づけてくれる花風水レシピをご紹介します。そして次の見開きからは個別のトラブルに対処できるレシピをご紹介します。

トラブル全般に効く花風水レシピ

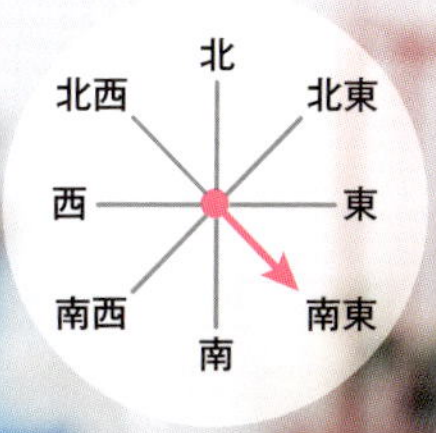

花のイメージ ——— 大きな

花の色 ——— 白、ピンク

器の形 ——— 丸

器の色 ——— 指定なし

花を飾る場所 ——— キッチン

飾る方向 ——— 南東

おすすめの花 ——— ダリア

ダリア

バラ

カーネーション

自分に自信を取り戻す

花風水レシピ

花のイメージ	かわいい
花の色	オレンジ、黄色、ピンク
器の形	丸、四角
器の色	指定なし
花を飾る場所	リビング
飾る方向	北東
おすすめの花	バラ、カーネーション、スイートピー

仕事、恋愛、勉強、子育てなどで、なかなか自分の思い通りにいかないときなど、つい自信を失って弱気になってしまうことがあります。あるいは他人と自分を比べてしまい「やっぱり私はダメだなぁ……」と自信を失うパターンもあるでしょう。

そんなときは、失った自信を取り戻して心を元気にしてくれる花風水レシピを試してみましょう。

決しておおげさに花を飾る必要はありません。たった1輪をさりげなくリビングに飾るだけで、十分に自信を取り戻す助けになってくれるでしょう。

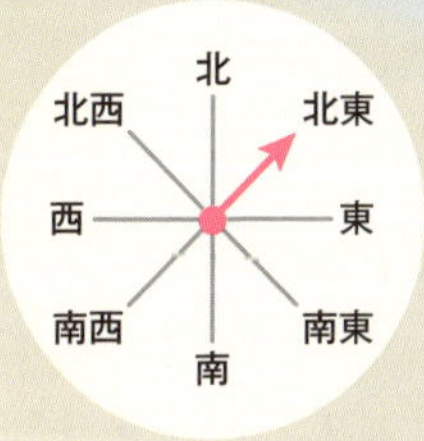

スイートピー

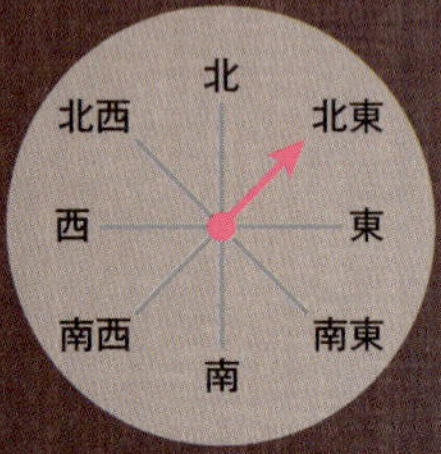

病み期を乗り越える

花風水レシピ

花のイメージ	シャープ
花の色	黄色、オレンジ、緑、白、赤
器の形	波形、四角
器の色	指定なし
花を飾る場所	玄関
飾る方向	北東
おすすめの花	カラー

何となく気分が落ち込んでネガティブなことばかり考えてしまったり、周りの人に対して冷たく振舞ってしまったりすることはありませんか？　いつもの自分を取り戻せなくなってしまう、いわゆる病み期に突入してしまっているのかもしれません。

そんなときは平常心を取り戻す効果が期待できる花風水レシピを玄関に仕込みましょう。

写真のように表面がウェーブ状の花瓶でも「波形」の役割を果たします。

カラー

お金のピンチを脱する

花風水レシピ

- 花のイメージ ―― のびやか
- 花の色 ―― 黄色、白
- 器の形 ―― 丸
- 器の色 ―― 指定なし
- 花を飾る場所 ―― キッチン
- 飾る方向 ―― 南西
- おすすめの花 ―― オンシジウム、あじさい、デルフィニウム

がんばって節約してもなぜかお金が貯まらない、ダメだと分かっているのに衝動買いがやめられない。そして気がつけば今月も家計がギリギリ。そんなことをずっと繰り返していると、いつの間にかストレスが溜まってさらに無駄遣いに走ってしまう……。

そんなときは、金運を呼び込んでくれる花風水レシピで負のスパイラルをリセットしてしまいましょう。

キッチンの南西に黄色か白の花を飾るだけで、あなたの金運は上昇します。お金を呼び込み、お金が出て行くのを食い止めれば、きっと心にも余裕が生まれて生活が楽しくなるでしょう。

あじさい

北
北西
北東
西
東
南西
南東
南
オンシジウム

ラナンキュラス
北
北西
北東
西
東
南西
南東
南

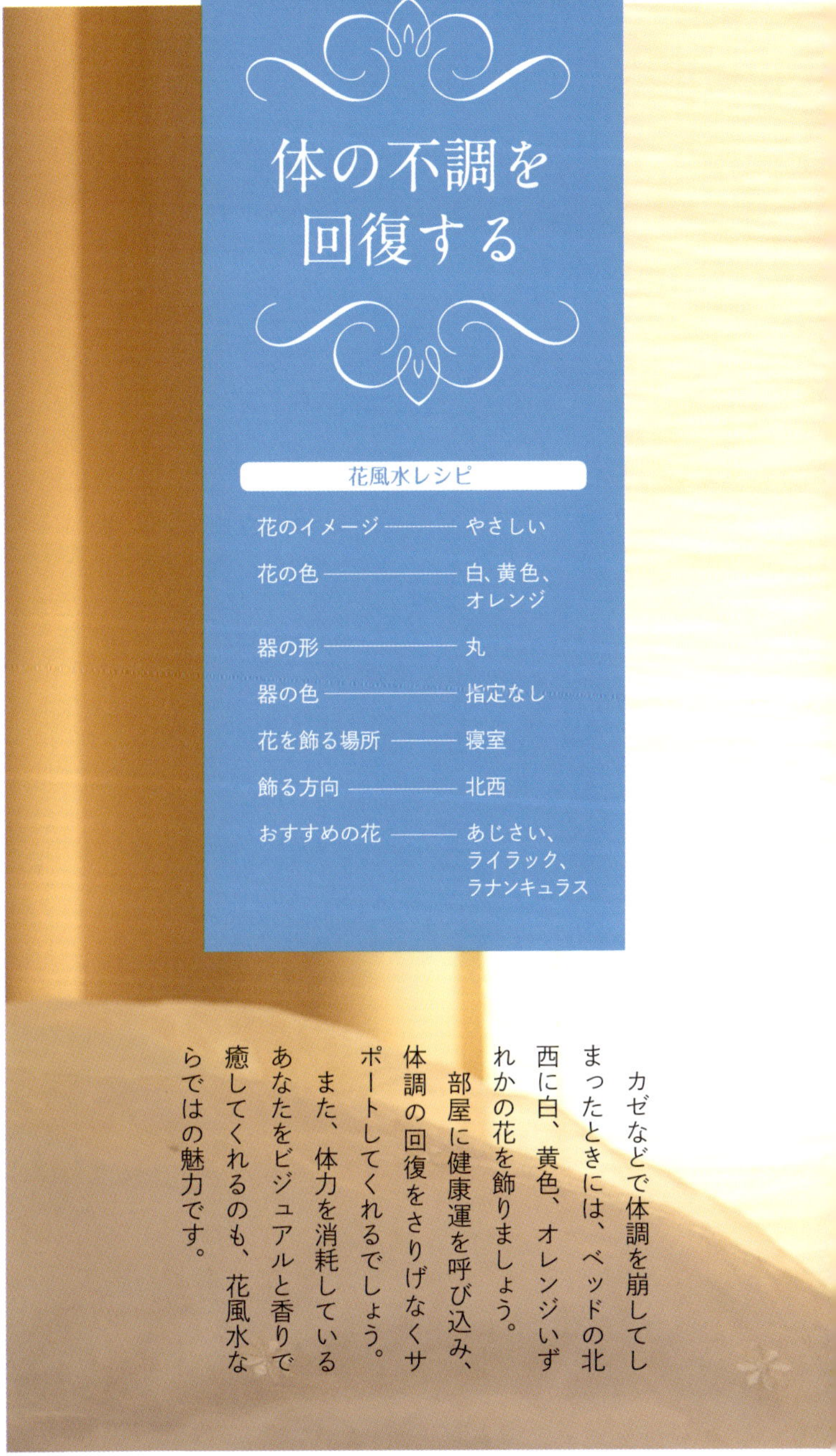

体の不調を回復する

花風水レシピ

花のイメージ	やさしい
花の色	白、黄色、オレンジ
器の形	丸
器の色	指定なし
花を飾る場所	寝室
飾る方向	北西
おすすめの花	あじさい、ライラック、ラナンキュラス

カゼなどで体調を崩してしまったときには、ベッドの北西に白、黄色、オレンジいずれかの花を飾りましょう。

部屋に健康運を呼び込み、体調の回復をさりげなくサポートしてくれるでしょう。

また、体力を消耗しているあなたをビジュアルと香りで癒してくれるのも、花風水ならではの魅力です。

オンシジウム

怪我を早く回復させる

花風水レシピ

花のイメージ	どっしり
花の色	白、黄色、オレンジ
器の形	丸
器の色	指定なし
花を飾る場所	トイレ
飾る方向	南西
おすすめの花	ダリア、オンシジウム、モカラ

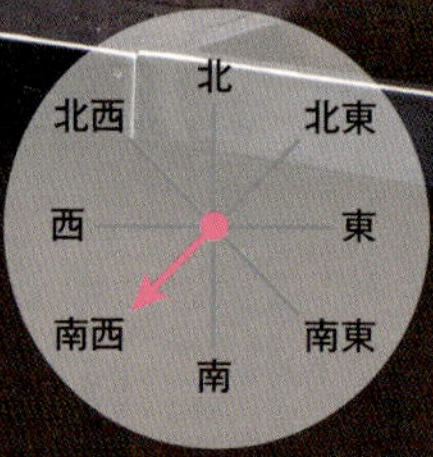

普段の生活の中で不運にも怪我をしてしまうことは誰にでもあるでしょう。しっかり治療をして安静にすることが大事ですが、併せて花風水の力を借りてみてはいかがでしょうか。

　傷や捻挫、骨折などの怪我はもちろん、腰痛や肩こりなどで悩んでいる人にもこの花風水レシピはおすすめです。

　トイレの南西に白、黄色、オレンジいずれかの花を飾れば、苦痛を和らげ、負傷した身体を元に戻そうとする力があなたを包み込んでくれるでしょう。

お酒の難から逃れる

花風水レシピ

花のイメージ	のびのび
花の色	青、白、緑
器の形	波形
器の色	指定なし
花を飾る場所	キッチン
飾る方向	西
おすすめの花	デルフィニウム、ブルースター枝もの

「昨日の飲み会は楽しかったけど、お酒を飲みすぎて頭がガンガン、完全な二日酔い……、これじゃ会社に遅刻する……」

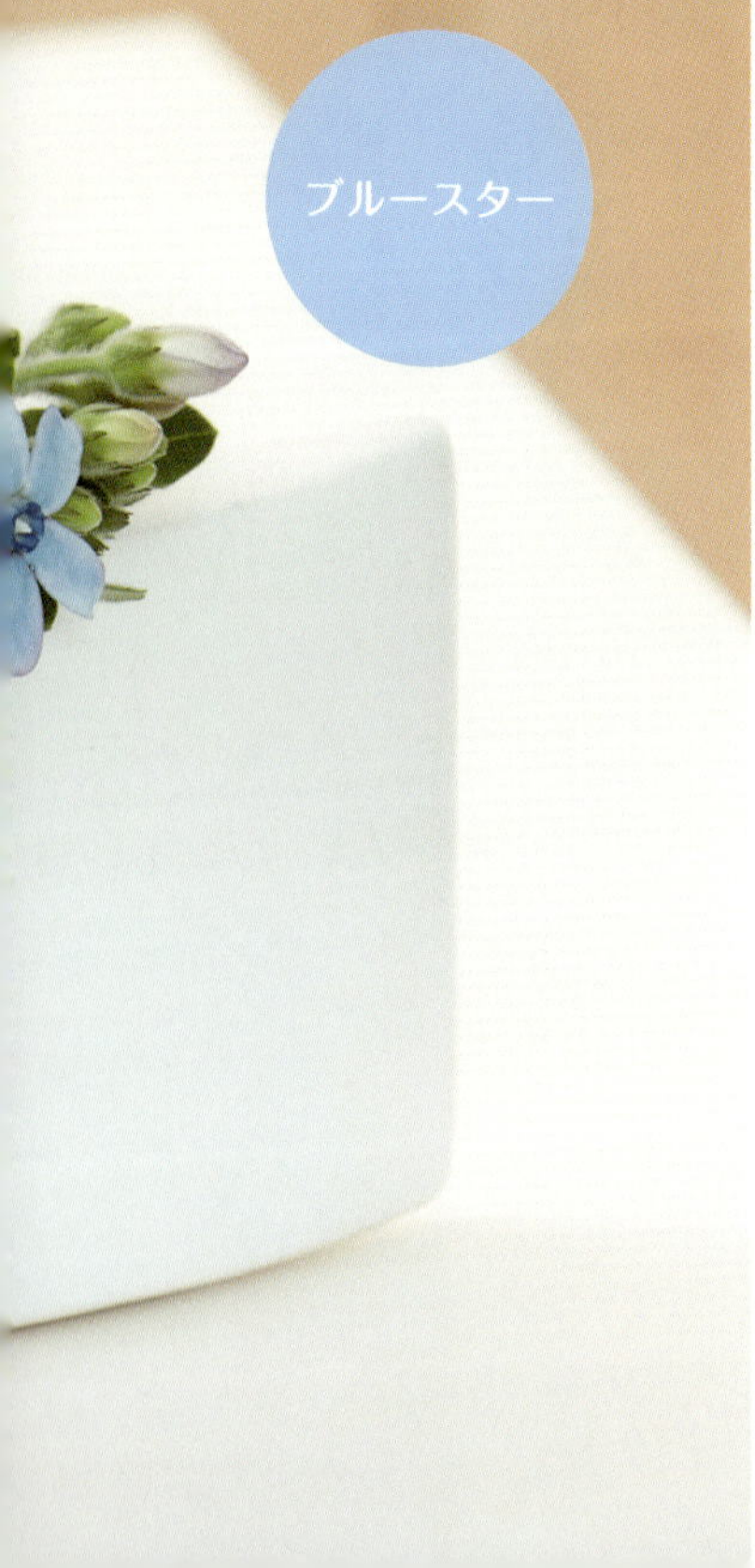

よくありがちなパターンですね。そうならないためにも、お酒を飲む機会がある前日にはキッチンに花風水を仕込んでおくとよいでしょう。

青、白、緑などのさわやかな色味の植物を飾れば、身体を酒気に強くし、お酒によるトラブルを未然に防ぐ効果を発揮してくれます。飲み会が多い忘年会シーズンなどにはうってつけのレシピです。

ただし、花風水を仕込んだからといって、安心しすぎて飲みすぎるのはおすすめできませんので、あしからず。

失敗を挽回したい

花風水レシピ

花のイメージ	流れる
花の色	白、赤、オレンジ
器の形	丸
器の色	指定なし
花を飾る場所	玄関
飾る方向	北
おすすめの花	トルコキキョウ、スイートピー、枝もの

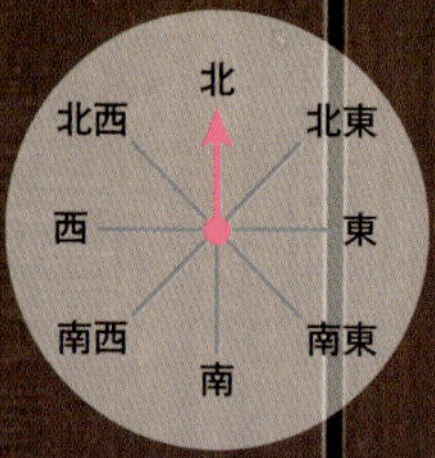

枝もの

仕事などで大きな失敗をしてしまったときは、本当に落ち込みますよね。失敗を挽回したいけど、そんな元気もないくらいショックを受けていることもあるでしょう。

そんなときは、心のダメージを和らげ、失敗の反省を次に活かすために前向きになれる花風水レシピをおすすめします。

いつまでもクヨクヨと自分を責めていても仕方ありません。自分を信じて明日からまた頑張りましょう！

人間関係の悩みを解消

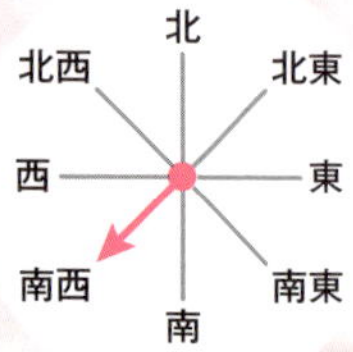

花風水レシピ

花のイメージ	どっしり
花の色	白、黄色、オレンジ
器の形	長方形、丸
器の色	指定なし
花を飾る場所	リビング
飾る方向	南西
おすすめの花	アルストロメリア、バラ、枝もの

アルストロメリア

常に人との関わりの中で生活している私たち。悩みの大半は人間関係にまつわるものだと言われています。上司や同僚との関係、恋人との関係、家族との関係など、常に悩みが尽きない人もいると思います。

ここでは人間関係に関する悩みを少しずつ解決してくれるような花風刺レシピをご紹介します。リビングの南西側であれば、どこでも構いません。白、黄色、オレンジの花を飾ってみてください。複雑にからんで固まった悩みの糸が、少しずつほどけていくはずです。

トルコキキョウ

友人・家族との トラブル時

花風水レシピ

花のイメージ	行動的
花の色	白、黄色、オレンジ
器の形	丸
器の色	指定なし
花を飾る場所	キッチン
飾る方向	北西
おすすめの花	トルコキキョウ、チューリップ

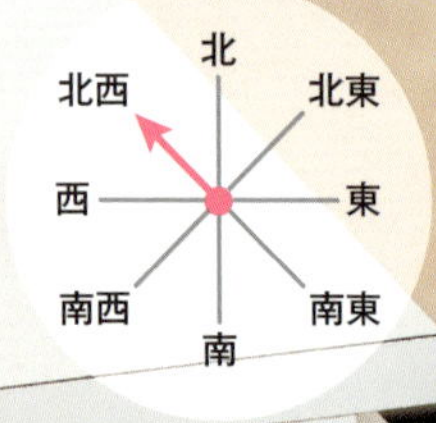

チューリップ

友人に裏切られたり、家族に絶縁を迫られるなど、身近な人とのトラブルほど心にダメージを負うものはありません。

身近な人であればあるほど、お互いをひどく傷つけるような言動に発展することもあるので、まずは心の動揺を落ち着かせることが大事です。

そして、少し落ち着いたなら、本来は友好な関係であるべき人との関係を元に戻す効果のある花風水のレシピを試してみてはいかがでしょうか。

ストレスから身を守る

花風水レシピ

花のイメージ	流れる
花の色	白、緑、黄色、オレンジ
器の形	丸、波形
器の色	指定なし
花を飾る場所	トイレ
飾る方向	北西
おすすめの花	ダリア、バラ

ストレスフルな生活を続けていると、体の不調や心の不調につながります。

友人と楽しい時間をすごしたり、運動で汗を流すなどして、ストレスを溜め込まない生活を

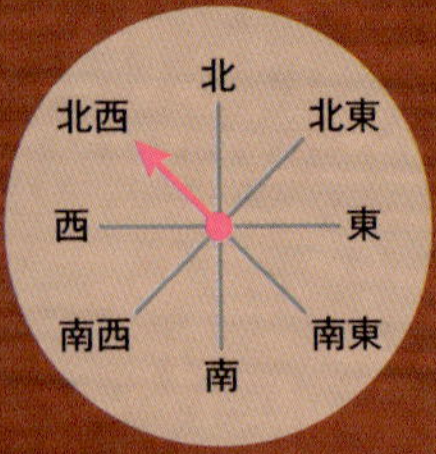

ダリア

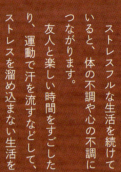

送ることが理想ですが、なかなかそうもいかないのが実情ですよね。そんなときは花風水の力を利用しましょう。

住まいに花を飾ること自体がすでにストレスの緩和につながるのですが、ここでは特にストレスへの免疫を高める花風水レシピをご紹介します。

トイレの北西の位置に白、緑、黄色、オレンジの花を置いてみましょう。日頃のストレスが少しずつ抜けていくはずです。

仕事上の問題解決

花風水レシピ	
花のイメージ	のびのび
花の色	白、緑、黄色、オレンジ
器の形	波形
器の色	指定なし
花を飾る場所	玄関
飾る方向	東
おすすめの花	バラ、ガーベラ、枝もの

仕事上の困ったトラブルや慢性的な悩みなど、社会人なら誰でも経験することだと思います。

　さまざまなトラブルや悩みを乗り越えてこそ社会人として大きく成長できるのは確かなのですが、やはりしんどいものはしんどいで

ガーベラ

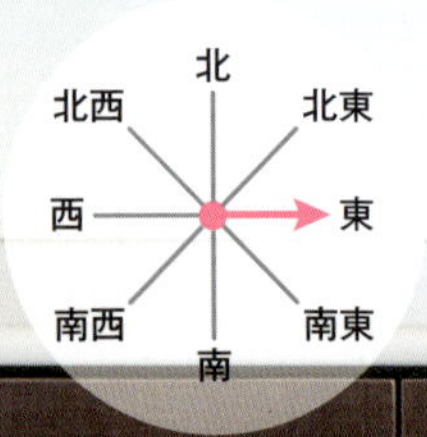

すよね。

花風水の力を少しだけ借りて、日々の問題をスムーズに解決するための運気を味方につけてしまいましょう。

玄関の東側、曲線を持った波形の器に白、緑、黄色、オレンジなどの色の花を飾ります。

仕事上の障害を排除する運気が働きますので、すでに起こった問題に対してだけでなく、トラブルや悩みの種の発生を未然に防ぐ効果も期待できます。

安定感・安心感のある仕事ぶりに、あなたの評価も上がるかもしれません。

仕事でもプライベートでも、誰かに誠心誠意の謝罪をしなければならないときは、いつも以上に緊張するものです。「こちらの誠意がちゃんと伝わるだろうか」「さらに怒らせてしまわないだろうか」「許さないと言われたらどうしよう」など、いろいろと不安になることを考えてしまいますよね。

そんなときは、こちらの謝罪の気持ちがしっかりと相手に伝わる花風水レシピを前日に仕込みましょう。きっと相手もあなたの誠意を受け入れてくれることでしょう。

謝罪を成功させる

花風水レシピ

花のイメージ	シャープ
花の色	白、緑
器の形	波形
器の色	白
花を飾る場所	トイレ
飾る方向	東
おすすめの花	アルストロメリア、デルフィニウム、すずらん

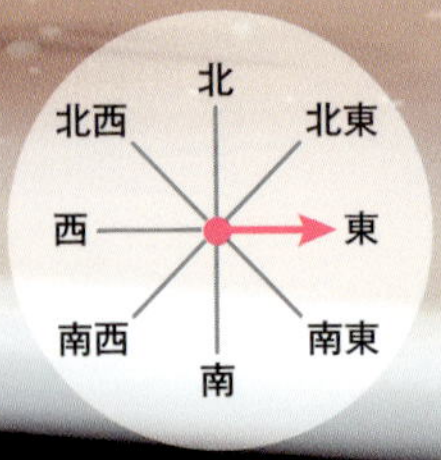

アルストロメリア

うつ症状を緩和する

花風水レシピ

花のイメージ	丸・シャープ
花の色	黄色、緑、オレンジ
器の形	丸
器の色	指定なし
花を飾る場所	リビング
飾る方向	南東
おすすめの花	トルコキキョウ、クラジオラス、カーネーション

日本人の15人に1人が生涯で一度はうつ病にかかるという国の統計があります。もはや他人ごとではありません。

気力がなくなり一歩も動きたくない。そんなつらい状態になる前に、少しでも心の不調を感じたら、この花風水レシピを試してみてください。

最近では重症のうつ病に対しても花による癒しの効果が認められつつあるようです。そこに風水の効果がプラスされれば、鬼に金棒といえるでしょう。

カーネーション

人生に行き詰まったら

バラ

花風水レシピ

花のイメージ	落ち着き
花の色	白、黄色、緑、オレンジ
器の形	丸、波形
器の色	指定なし
花を飾る場所	キッチン
飾る方向	南東
おすすめの花	バラ、デルフィニウム

人生は山あり谷ありです。谷底にいるときは「もうこれ以上落ちることはないよね」と開き直ることも大事かもしれません。あまり思い詰めず、花屋さんで1輪の花を買う余裕くらいは持っていたいものです。

そして、せっかく花を買うなら、人生のバイオリズムを上向きに軌道修正してくれる、この花風水レシピを試してみましょう。

白、黄色、緑、オレンジの花を持ち帰り、さっそくキッチンの南東の場所へ！

四季のくつろぎタイム 秋

読書や映画鑑賞などを存分に楽しみたい秋の夜長。そんなリラックスタイムをより一層ゆったり過ごせる空気を作ってくれる花風水レシピです。リビングの北東に丸い器に飾りましょう。

秋に癒しをくれる花風水レシピ

花のイメージ	落ち着き
花の色	黄色、紫、白
器の形	丸
器の色	指定なし
花を飾る場所	リビング
飾る方向	東北
おすすめの花	ダリア、バンダ、枝もの

Magical Flower Feng Shui Recipe

PART

4

自分をメンテするための魔法の花風水レシピ

自分をいたわり、内面を磨くための花風水

いつも忙しくしていて、なかなか自分の時間を作れずにいるあなた。たまにはゆったりとリラックスして自分と向き合ったり、未来のあなたのために自分磨きをする機会も必要です。

そんなセルフメンテナンスの時間を有意義に過ごすためにも、花風水は力になってくれます。リラックス効果を高めてくれたり、気持ちの切り替えを促してくれたり、さらにはいつも以上に集中力を持続させてくれたりと、貴重な自分時間のクオリティをより一層高めてくれるでしょう。

まずは、自分に磨きをかける向上心を高めてくれる花風水レシピをご紹介します。忙しい毎日の中、少し一息ついて自分を見つめ直したいときにもおすすめです。

そして次の見開きからは、より具体的なテーマごとにレシピをご紹介します。

向上心を高めてくれる花風水レシピ

花のイメージ	どっしり
花の色	紫
器の形	四角形
器の色	指定なし
花を飾る場所	寝室
飾る方向	西
おすすめの花	バンダ

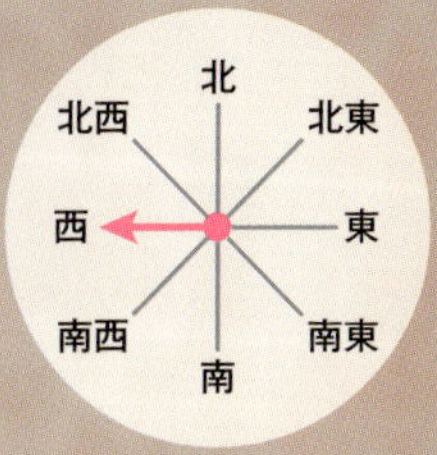

バンダ

自分を褒めて励ます

花風水レシピ

花のイメージ	シャープ
花の色	白、ピンク、赤、オレンジ
器の形	三角、丸
器の色	指定なし
花を飾る場所	リビング
飾る方向	北西
おすすめの花	ダリア、枝もの ラナンキュラス、デルフィニウム

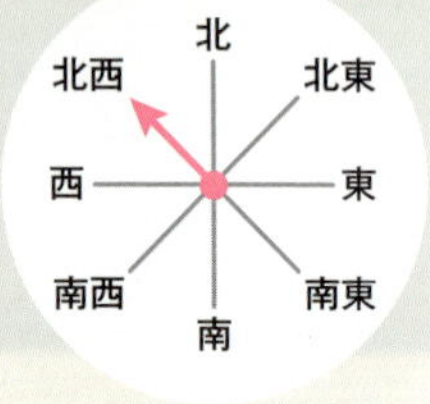

いつも何かに追われているかのように自分を追い込んで頑張っているあなた。それでも「もっと頑張らなくちゃ……」と思っていませんか？　そのままではすぐに息切れしてしまいます。

たまには自分を手放しで褒めてあげましょう。今の自分を素直に褒めていたわってあげることで、明日への気力がしっかり充電されます。

ここでご紹介するのは、自己肯定感を高めて、何ごとにも前向きな気持ちにさせてくれる花風水レシピです。

自分の時間をゆったり過ごす

花風水レシピ

花のイメージ	のびのび
花の色	緑、オレンジ、黄色、白
器の形	長方形、丸
器の色	指定なし
花を飾る場所	寝室
飾る方向	東
おすすめの花	多肉植物、バラ、観葉植物、デルフィニウム、キャンドル

「今日は家でゆっくりしよう！」そう心に決めたなら、この花風水レシピを実践してみましょう。気持ちを穏やかにして、深いリラックス状態に導いてくれる効果があるので、溜まっていた疲れも短時間で一気にリフレッシュでき

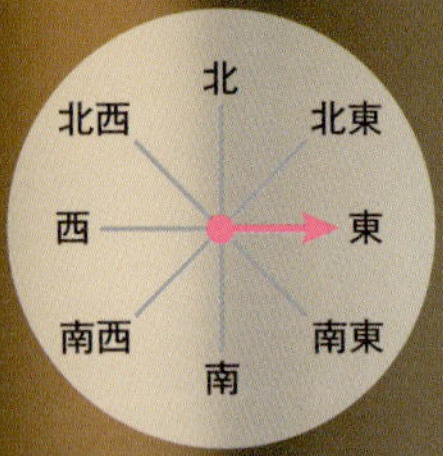

多肉植物

るはずです。

花の代わりにキャンドルを置くことでも同じ効果を得られます。アロマキャンドルなどをチョイスして香りの効果もプラスすると、より一層素敵なリラックスタイムを楽しめるでしょう。

キャンドル

気持ちを若返らせる

花風水レシピ

花のイメージ	上品
花の色	オレンジ、白、緑、黄色、ピンク
器の形	三角、丸
器の色	指定なし
花を飾る場所	キッチン
飾る方向	北西
おすすめの花	バラ、ダリア、胡蝶蘭、あじさい

いつもまでも若々しい気持ちでいる人は、表情も明るく行動的で、多くの人を惹きつける魅力に満ちています。

最近考えが少し保守的になってきた、行動するのが億劫になってきた、異性にあまりときめかなくなってきたなど、気持ちが老けてくると、知らず知らずのうちに表情や姿勢まで老けてきてしまいます。心に張りがなくなってきたな、と感じはじめたら、住まいの気を花風水レシピでコントロールして、気持ちを若返らせましょう。

バラ

ダリア

バラ
北
北西
北東
西
東
南西
南東
南

ラナンキュラス

内面から美しくなる

花風水レシピ

花のイメージ	かわいい
花の色	白、黄色、薄いピンク、オレンジ
器の形	長方形
器の色	指定なし
花を飾る場所	トイレ
飾る方向	北西
おすすめの花	バラ、スイートピー、ラナンキュラス

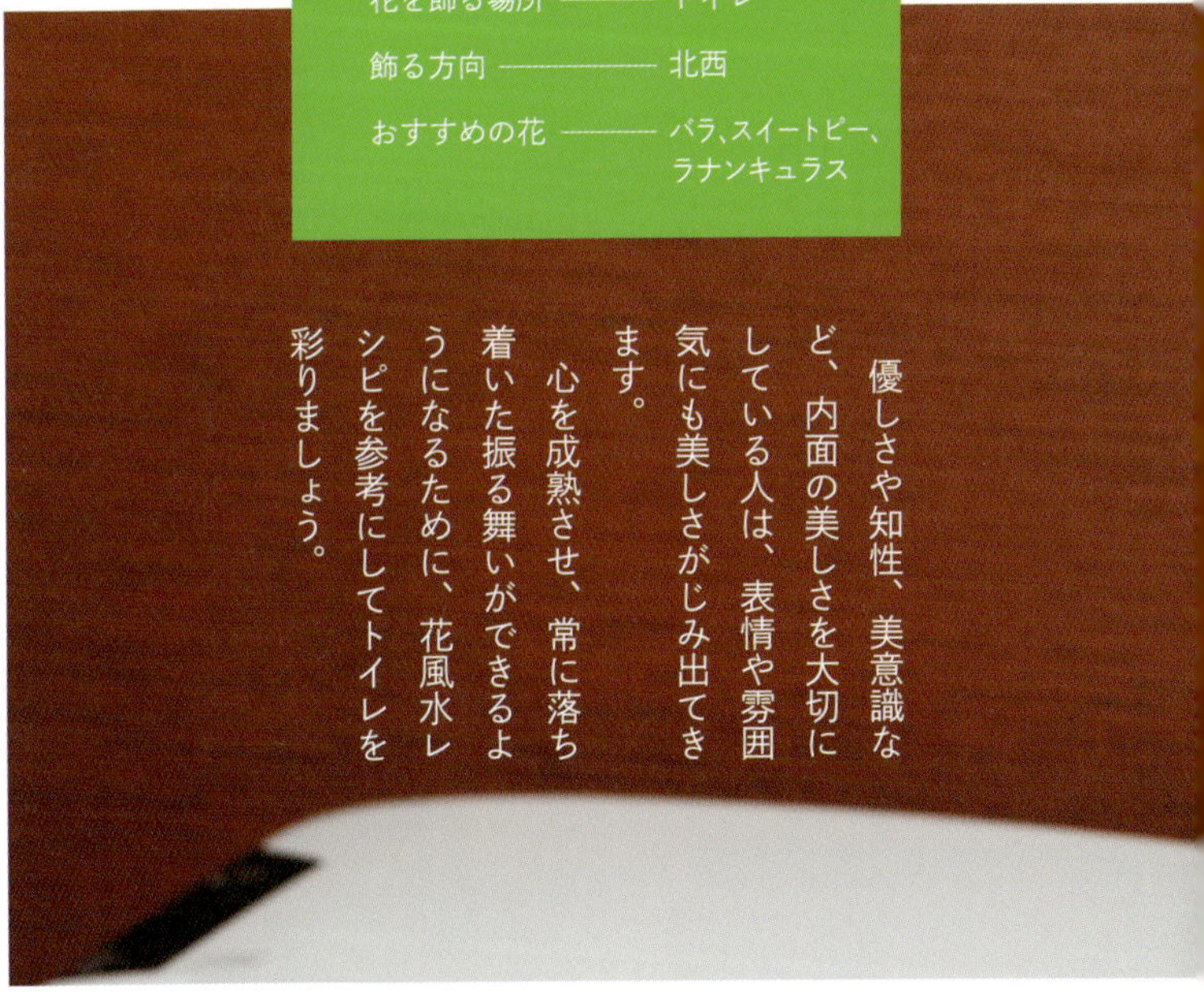

優しさや知性、美意識など、内面の美しさを大切にしている人は、表情や雰囲気にも美しさがじみ出てきます。

心を成熟させ、常に落ち着いた振る舞いができるようになるために、花風水レシピを参考にしてトイレを彩りましょう。

バラ

初心に戻って心をリセット

何ごとも経験は人を成長させますが、慣れが出てくると緊張感や謙虚さが失われて、ひどい失敗を犯すリスクも高まると言えます。
　そこで、心をリフレッシュさせて初心に帰るのを助けてくれる花風水レシピの出番です。リビングの南東に長方形の器を用意し、そこに写真のように花を置いて飾ると、見た目もかわいくまとまります。

花風水レシピ

花のイメージ	のびのび
花の色	白、青、緑、黄色
器の形	長方形
器の色	指定なし
花を飾る場所	リビング
飾る方向	南東
おすすめの花	バラ、枝もの

北
北西
北東
西
東
南西
南東
南
枝もの

新たなことに挑戦するとき

転職して再スタートするとき、新しい趣味や習いごとを始めるときなど、今まで経験したことのない新たなことにチャレンジするときは期待も大きいですが、一方で多少の緊張や不安もあるでしょう。

花風水レシピ

花のイメージ	シャープ
花の色	緑、白、赤
器の形	四角
器の色	指定なし
花を飾る場所	キッチン
飾る方向	西
おすすめの花	ユリ、グラジオラス デルフィニウム

ユリ

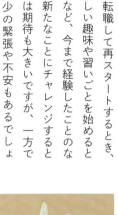

そんなときに試していただきたい花風水レシピです。キッチンの西側に緑、白、赤の花を四角形の器に飾りましょう。

あなたから不安な気持ちを取り除き、新たなチャレンジを成功に導く運気を運んでくれます。

新天地に引っ越しするときや、社内の新しい部署へ異動するときなど、周りの環境や人間関係が変化するときにも有効です。

何事も気持ちの持ち方次第で見え方が違ってきますし、当然ですが結果も違ってきます。その気持ちを一瞬で作ってくれるのが花風水のすごいところです。

資格などの勉強に集中

社会人になってからも、自分のキャリアアップのために資格の勉強をしている方は多いのではないでしょうか。

　仕事をしながら勉強の時間を確保するのはとても大変なことですが、目標に向かって頑張る

花風水レシピ

花のイメージ	前向き
花の色	白、青
器の形	四角
器の色	指定なし
花を飾る場所	書斎、勉強部屋
飾る方向	南
おすすめの花	ブルースター、アネモネ、バラ

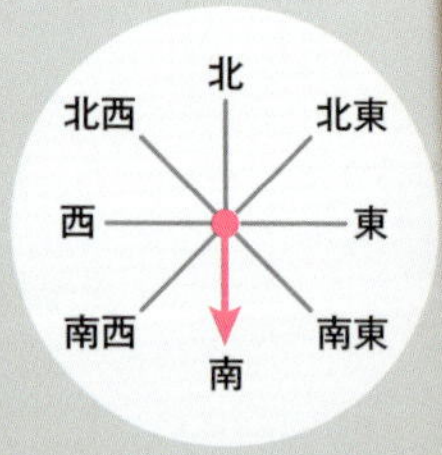

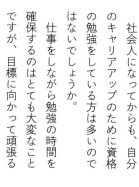

姿勢は必ず報われるはずです。

ここでご紹介するのは、貴重な勉強時間を最大限に集中して効率的に学びたいときに役立つ花風水レシピです。

部屋の南側に、白や青の花を四角い器に活けて飾りましょう。飾る場所は必ずしも書斎や勉強部屋でなくても結構です。いつもテキストを広げているその場所があなたの書斎と捉えてください。

あなたの集中力をぐんと高めて、いつも以上に勉強がはかどるはずです。

休日は映画やドラマなどを観てリラックスするという方も多いのではないでしょうか。

普段では味わえない感動を得たり、日常とは違う世界を疑似体験することで、感性や感情の引き出しが豊富になります。

そんな心の栄養補給の時間にも、花風水のレシピをプラスしてみてください。

テレビの周りは、DVDプレイヤーやHDドライブなどの機器類だらけになりがちですが、そこに緑や黄色の植物をさりげなく飾ることで、リラックスタイムのクオリティが向上します。

多肉植物

映画で心に栄養を

花風水レシピ

花のイメージ	のびのび
花の色	緑、黄色
器の形	丸、波形
器の色	指定なし
花を飾る場所	テレビ付近
飾る方向	東
おすすめの花	多肉植物、観葉植物、バラ

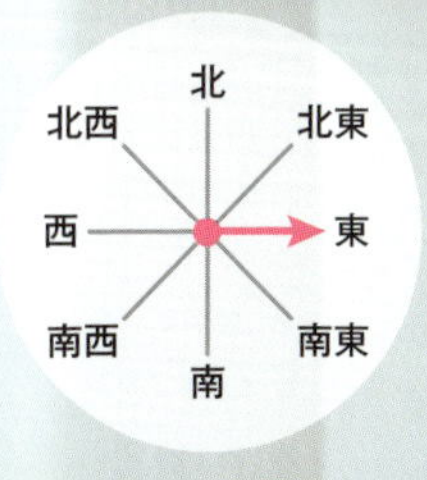

観葉植物

四季のくつろぎタイム 冬

寒い冬は室内で過ごす機会も多くなります。あたたかい部屋でゆったりと過ごす冬のリラックスタイムには白や赤の花をリビングの西側に飾りましょう。アイスでも食べながら♪

冬に癒しをくれる花風水レシピ

花のイメージ ―― 希望

花の色 ―― 白、赤

器の形 ―― 波形

器の色 ―― 指定なし

花を飾る場所 ―― リビング

飾る方向 ―― 西

おすすめの花 ―― ダリア、バラ、枝もの、グロリオサ

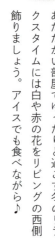

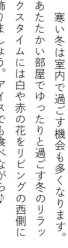

Magical Flower Feng Shui Recipe

PART 5

わが子の運気を上げる 魔法の花風水レシピ

花風水で、わが子に良い運気をプレゼント

お子さんがいる家庭にとって、いちばんの関心ごとはやはりわが子のことです。

健康のこと、勉強や受験のこと、メンタルのこと、人間関係のことなど、親として心配ごとは尽きません。

花風水は、そうした悩みや心配を解決して、子育てのサポートをしてくれるものでもあります。

たとえば、高校受験や大学受験など、試験が近づくにつれ、家族の雰囲気もピリピリしがちですが、そうした空気をコントロールし、子どもが平常心で勉強に集中できる環境をつくるのも、花風水の得意分野です。

ここではまず、子どもの運気を全体的に向上させてくれる、オールマイティな花風水レシピをご紹介します。

そして、次の見開きからは、より具体的なケースごとのレシピをご紹介していきます。

子どもの運気を上げる花風水レシピ

花のイメージ ――― 丸い

花の色 ――― 青

器の形 ――― 四角形

器の色 ――― 指定なし

花を飾る場所 ――― キッチン

飾る方向 ――― 南東

おすすめの花 ――― ブルースター

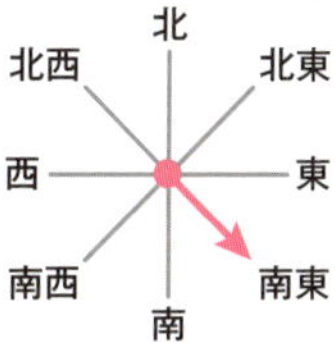

ブルースター

勉強に集中させる

花風水レシピ

花のイメージ	小さな
花の色	青、黄色、緑
器の形	長方形
器の色	指定なし
花を飾る場所	玄関
飾る方向	北東
おすすめの花	ライラック、スイートピー、トルコキキョウ、多肉植物

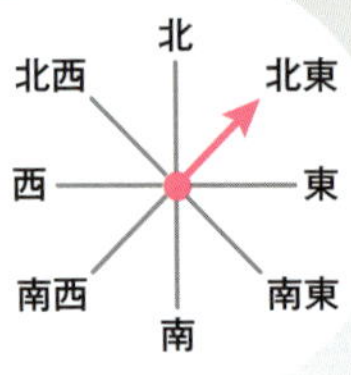

テレビやゲーム、マンガにスマホ。子どもにとってお家は誘惑の宝庫です。「勉強しなさい」と言ってもなかなか本腰が入らない……。このように、家では

なかなか集中して勉強してくれないという家庭も多いのではないでしょうか。

そんなときは、雑念を追い払って、やるべきことに集中させる効果のある花風水レシピを試してみましょう。

玄関の北東の位置に青や黄色や緑の植物を飾りましょう。

家の中の空気がすっと落ち着き、わが子も自然と勉強に集中してくれるでしょう。

多肉植物

子育てにおいて、わが子とのコミュニケーションはとても大切です。

親子でいろいろなことを話したり聞いたりすることで、お互いを理解して良好な関係が築かれます。

また、いかに親子でコミュニケーションをとっていたかで、将来の対人能力も変わってくるでしょう。

親子の会話が自然と増える花風水レシピで、もっともっと親子の心のふれあいの時間を増やしていきましょう。

家族が集うリビングの南東に、青、黄色、オレンジの

ブルースター

いずれかの花を飾るだけで、きっと今まで以上に親子の会話が弾むはずです。

わが子との会話を増やす

花風水レシピ

花のイメージ	のびのび
花の色	黄色、オレンジ、ブルー
器の形	波形
器の色	指定なし
花を飾る場所	リビング
飾る方向	南東
おすすめの花	ブルースター、デルフィニウム

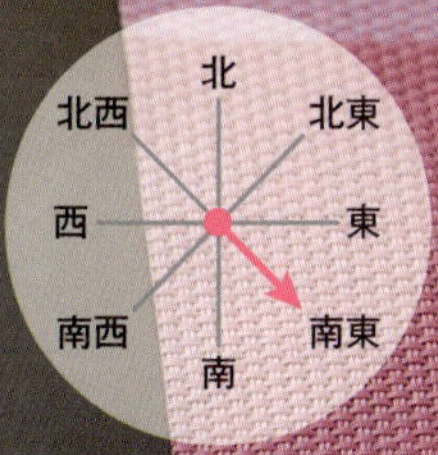

わが子を休息させる

花風水レシピ

花のイメージ	希望
花の色	ピンク、緑、黄色
器の形	丸
器の色	指定なし
花を飾る場所	子ども部屋
飾る方向	西
おすすめの花	バラ、ダリア、トルコキキョウ

習い事や部活や塾など、わが子が頑張って帰ってきたときは、ゆっくり休ませてあげたいですよね。子どもにとって、家が一番リラックスできる場所だと感じさせてあげたいものです。

お子さんの帰宅前に、子ども部屋の西側にピンク、緑、黄色の花をさりげなく飾っておきましょう。

心をリラックスさせる空気が部屋に満ちて、わが子をゆったりと休息させることができます。

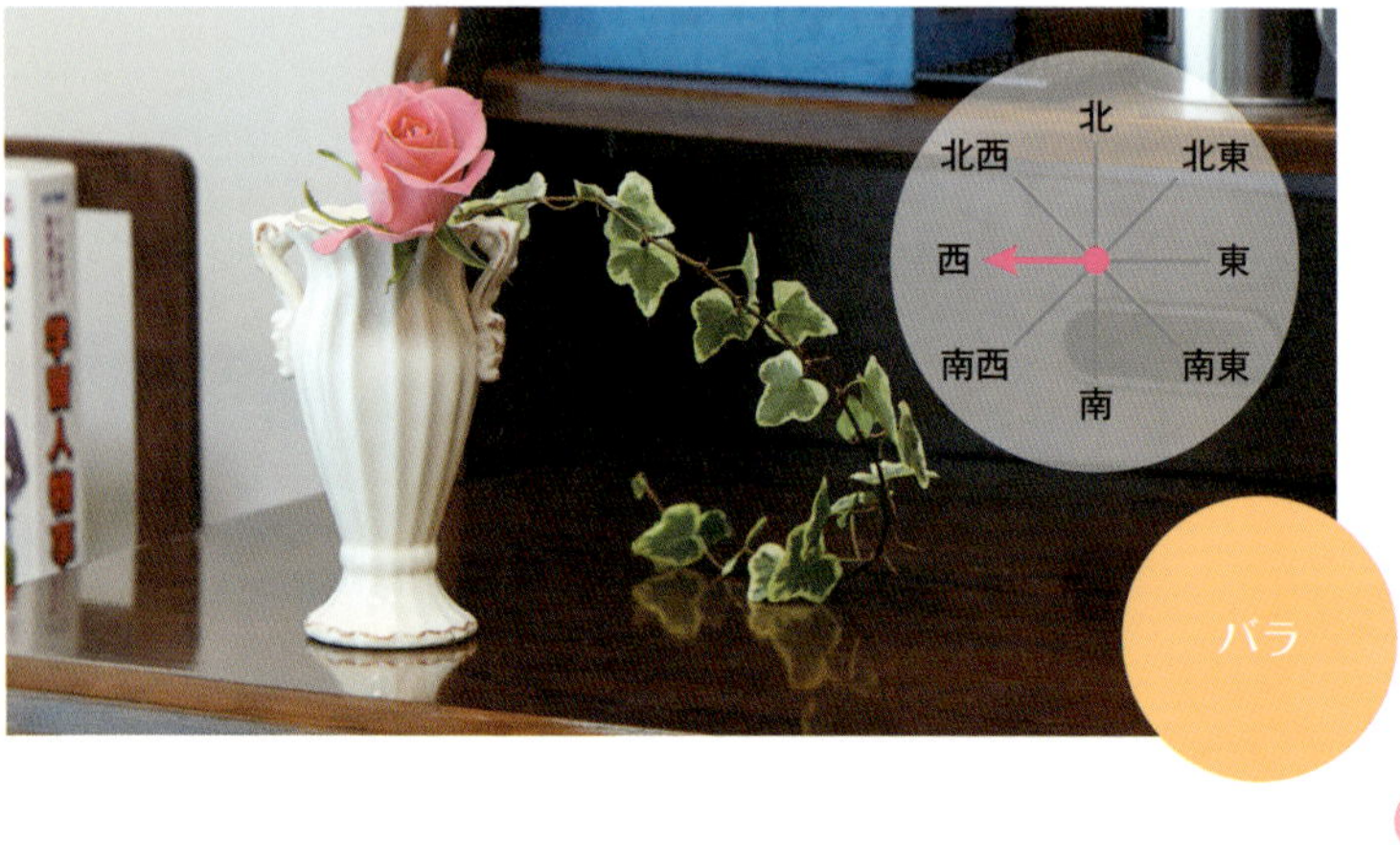

トルコキキョウ

わが子のイライラ退治

花風水レシピ

花のイメージ	発展
花の色	青、緑
器の形	丸
器の色	指定なし
花を飾る場所	子ども部屋
飾る方向	東
おすすめの花	アイビー、枝もの、観葉植物

反抗期のお子さんや、親子で喧嘩してしまったときなど、ちょっと親子でぎくしゃくしてしまうこともあると思います。

お子さんがイライラしていると、こちらまでネガティブな気持ちになってしまいますね。

子どものイライラを取り除いて、早く穏やかな空気を取り戻したいなら、子ども部屋の東側に観葉植物などを置いてみましょう。

お子さんが落ち着いてきたら、改めてしっかりと親子のコミュニケーションを深めることをおすすめします。

観葉植物
北
北西
北東
西
東
南西
南東
南

受験の直前ともなると、もはや勉強うんぬんよりも体調管理やメンタルのケアが大事になってきます。

わが子に最高のコンディションで実力を出し切ってもらうためにも、花風水の助けを借りましょう。

キッチンの南東に四角形の器で花を飾ると、ここ一番のときに実力を発揮させてくれる勝負の運気を運んでくれるでしょう。

家を出発するとき、「あなたならきっと大丈夫！」と声をかけてあげてくださいね。

バラ

受験前日
勝負のとき！

花風水レシピ

花のイメージ ——— 丸い

花の色 ——— 青、緑、赤

器の形 ——— 四角

器の色 ——— 指定なし

花を飾る場所 ——— キッチン

飾る方向 ——— 南東

おすすめの花 ——— トルコキキョウ、ラナンキュラス、バラ、ブルースター

兄弟・姉妹仲良く

花風水レシピ

花のイメージ	前向き
花の色	黄色、オレンジ
器の形	長方形
器の色	指定なし
花を飾る場所	リビング
飾る方向	南西
おすすめの花	バラ、ユリ、モカラ、スイートピー、ガーベラ

兄弟、姉妹がいるご家庭は、きっと子ども同士の喧嘩は日常茶飯事でしょう。

ささいなことでもすぐに喧嘩になってしまう様子を見て、「どうして仲良くできないの！」とつい声を荒げてしまうこともあるでしょう。

そうなる前に花風水レシピを参考に花を飾ってみましょう。

リビングの南西、長方形の器に黄色やオレンジの花を飾ってみてください。

思いやりや兄弟愛を育む力が働き、子ども同士の争いがぐっと減ってくるはずです。

おわりに

大都会に生きる私たちは、自然との触れ合いから遠ざかっています。

周りを見渡せば、コンクリートと化学物質のオンパレード。デジタルに囲まれた社会。本当にこのままで良いのでしょうか？

確かに生活は豊かになりましたが、人間が本来的に持つ何かが失われつつあるように思えてなりません。

現に、心を病んでしまっている人がどれだけ多いことか。多くの人が心からの癒しや幸福感を得られずに、心の負のスパイラルから抜け出せずにいるのではないでしょうか。

みなさんは桜の花は好きですか？　桜は春になると約10日間、私たちに最高の笑顔を提供してくれます。気持ちいいですよね。でも残りの355日に桜を見たことはありますか？　私は春以外の桜の木も大好きです。風にも負けず、雨にも負けず、最高の笑顔を生み出す準備をしています。

人生も一緒です。

苦しみ悩んでいる方・うつなどで病んでしまっている方が増えていますが、つらいとき、悲しいとき、悩んでいるときは、次に訪れる笑顔の準備期間なのです。来るべき幸せを信じてください。

そして本書を参考に、部屋に1本の花を飾ってみてください。

気の流れが変化し、あなたの内面にも変化が訪れます。

人生はあなたの変化によって変わっていくものです。

花風水はその変化を少しだけ後押しするものです。

そして飾った花にたくさん話しかけてみてください。花や緑は必ず応えてくれます。

たった1本の花で人生は変わります。思えば叶うのです。

そして最後にみなさまにお願いです。
お出かけしたときは、帰りに1本の花を買ってみてください。
そして部屋に飾れば、あなたの何かが変わります。

それは幸せの始まりです。

宮内孝之

◉著者プロフィール

宮内 孝之（みやうち・たかゆき）

大阪北新地にて花Pochi主宰。

1967年大阪府吹田市生まれ。母親の影響で幼少期から花とふれあう。10代で花業界に入り、TV番組などの花制作を手がける師匠に弟子入り。20代で各コンテストにて最優秀賞受賞。その後オーストラリアに渡り修行に努める。帰国後、花の総合プロデュース会社「花ポチ」を設立。兵庫県淡路島で開催されたジャパンフローラ2000年（淡路花博）に技術協力するなど、花の空間プロデュースを開始。その後もヨーロッパ各地で修行し、今までにない花のコラボレーション活動を模索。'09年の日米会談にてオバマ大統領に花の薔薇絵を贈呈。ＴＶ番組の装花、神戸コレクション、長崎ハウステンボス、ＣＭ撮影などの仕事で高い評価を得る。また、アメリカ、中国、ロシアなどの海外でのイベント、イタリア・ミラノで花空間装飾と日本舞踊を舞いながらフラワーライブショーを開催するなど、花と会話をしながら花の気を感じる魔法の感性を持つ花飾人として世界各国で活動している。

ホームページ　http://www.pochipochi.com/

◉監修者プロフィール

岡田 有未（おかだ・ゆみ）

風水・開運作法家。

〝空間と人〟に焦点を当て、風水の理論を軸に香りや色彩のパワーを組み合わせたオリジナルメソッドを開発。自他ともに幸せにする空間創りを行う事業を展開し、個人住宅、商業施設、オフィスまで、幅広く空間創りのサポートを行っている。

たった１輪の花で願いが叶う **魔法の花風水**

発行日　2017年 5月 12日　第１刷

定　価　本体1400円＋税
著　者　宮内孝之
監　修　岡田有未
写　真　石川茂利
発　行　株式会社 青月社
〒101-0032
東京都千代田区岩本町3-2-1 共同ビル8F
TEL 03-6679-3496　FAX 03-5833-8664

印刷・製本　萩原印刷株式会社

ISBN 978-4-8109-1303-3